Dr. CLAIRE RICHTER

DAS ÖKONOMIAT

HAUSWIRTSCHAFTLICHER GROSSBETRIEB ALS SELBSTZWECK

BERLIN · GEORG REIMER · 1919

Inhalt.

I.
Einleitung.

Rettung aus wirtschaftlichen Tiefen. Das ist der erschütternde Notschrei, von dem unser neues Staats- und Wirtschaftsgebäude tausendstimmig widerhallt. Was ist zu tun, damit Deutschland unter der Last, die eine harte Gegenwart auf seine Schultern gelegt, nicht zusammenbreche, sondern aus dem wirtschaftlichen Stahl- und Schwefelbad, das ihm der Krieg bereitet, verjüngt und gestärkt hervorgehe?

Eine alte tröstliche Erfahrungsweisheit lautet: „Was den Schwachen zermalmt, macht den Starken nur stärker," und ein reiches biologisches Tatsachenmaterial erhärtet diese Regel. Gleicht Deutschland gegenwärtig nicht jenen zähen, widerstandsfähigen Pflanzen, die des Lebens Riesenfaust auf harten Felsen überm gähnenden Abgrund verschlagen, bei deren Anblick sich der staunende Wanderer zweifelnd fragt: Wie ist es möglich, auf diesem verschlossenen Boden auch nur die kleinste Krume nahrhaften Erdreichs zu finden? Von feindlichen Gewalten umtobt, umklammern sie mit starken Wurzeln nur umso fester den Felsen, mit Wurzeln, die sich dehnen und strecken und tastend um sich greifen, bis sie den Boden gefunden haben, der ihnen Lebensmöglichkeit und trotzige Stärke verspricht.

Wie sie steht Deutschland, von feindlichen Mächten hin- und hergerissen, am Abgrund, und der Boden, aus dem es Lebenskraft saugt, ist hart und steinig. Mit Fürchten und Hoffen verfolgen wir seinen Kampf, während aus gequälter Seele die Frage sich losringt: „Wird es dem Toben gelingen, diesen bis ins innerste Mark getroffenen Baum zu entwurzeln und in die Tiefe zu stürzen, oder wird er mit zähen Wurzeln nur umso fester den Stein umfassen, wird er von neuem sein Haupt erheben, nicht in anmaßender Selbstüberschätzung, sondern in stillem Kraftbewußtsein und starkem Lebenswillen, wird er den Felsen zwingen, ihm Nahrung zu geben?

Haben nun die recht, die das Heil für Deutschland einzig und allein in einer ins Riesenhafte gesteigerten Produktion erblicken und mit lauter Stimme den Ruf nach Rohstoffen erschallen lassen? Gewiß ist für das werdende neue Deutschland die Erzeugung von Produkten in größtem Maßstabe erste Lebensbedingung. Gilt es doch, nicht nur dem eigenen Mangel abzuhelfen, sondern auch Riesenmassen von Erzeugnissen zum Export bereitzustellen, um einen Geldstrom nach Deutschland zu leiten, der uns in den Stand setzt, den harten Bedingungen eines voraussichtlich eisernen Friedens nach Möglichkeit gerecht zu werden. Produktion mit Hochdruck: Das ist der eine Weg, der imstande sein dürfte, uns aus einem Labyrinth von wirtschaftlichen Schwierigkeiten ins Freie ungehemmter Entwicklung zu führen. Sollte er der einzige sein?

Jede erfahrene tüchtige Hausfrau weiß, daß zur Herbeiführung des Familienwohlstandes es nicht genügt, rastlos Neues zu schaffen und zu erwerben. Sie, die bisher namentlich das erhaltende Prinzip in der Hauswirtschaft verkörperte, ist sich bewußt, daß alles Schaffen und Zusammenraffen illusorisch wird, wenn ihm Verschwendung im Verbrauche gegenübersteht. Sie weiß, daß Sparsamkeit im Konsum zur Bereicherung des Wirtschaftsfonds von nicht geringerer Bedeutung ist als eine stark gewinnstrebende Erwerbskraft. Was aber für die Zelle der menschlichen Gesellschaft, die Familie, gilt, hat noch weit stärkere Geltung für die Gesamtheit unseres Wirtschaftskörpers.

Hat Deutschland es vor dem Kriege sicher nicht an Eifer im Erwerb fehlen lassen, auf dem Gebiete der Konsumwirtschaft hat es schwere Schuld auf sich geladen. Uebrigens: Wirtschaftet es nicht auch heute noch drauflos, als habe es Millionen zu verschenken? Will unser Volk, will die mittel- und osteuropäische Menschheit in absehbarer Zeit aus dem wirtschaftlichen Tiefstand eines verhängnisvollen Krieges nach jahrelanger wahnsinniger Vergeudung von Werten zu einem auch nur bescheidenen Wohlstand emporsteigen, so wird man wohl oder übel sein Interesse auch dieser bisher arg vernachlässigten Seite unseres Wirtschaftslebens zuwenden müssen. Je sparsamer wir im Verbrauche sind, desto weniger fremde Produkte haben wir nötig, desto mehr eigene Produkte werden zur Ausfuhr frei, desto schneller wird die Tilgung unserer Kriegsschuld vonstatten gehen.

Die Aufgabe dieser Blätter wird es sein, Mittel und Wege zu zeigen, die es ermöglichen, die Verbrauchswirtschaft den Zeitverhältnissen anzupassen, sie durch den mächtigen Wirtschaftshebel der Zentralisation so ökonomisch wie möglich zu gestalten.

II.
Fixierung des Themas.

Zwischen Erwerbs- und Verbrauchswirtschaft in ihrer heutigen Gestalt besteht ein Gegensatz, der selbst dem flüchtigen Beobachter nicht entgehen kann. Auf allen Gebieten der Produktions- und der eng mit ihr verbundenen Verkehrswirtschaft — allenfalls mit Ausnahme der Landwirtschaft, deren Zentralisierung in großem und größtem Maßstabe, ihrer besonderen Natur entsprechend, vielleicht gewisse Grenzen gesetzt sind — zeigt sich eine immer weiter um sich greifende Zentralisierung und damit verknüpfte Spezialisierung und technische Vervollkommnung des Wirtschaftsbetriebs. Als Ergebnis dieser Entwicklung tritt an die Stelle des mit den Mängeln einseitiger Empirik behafteten Kleinbetriebs der auf rationeller Grundlage aufgebaute Großbetrieb.

Mit dieser allgemeinen wirtschaftlichen Entwicklung hat nun leider die Konsumwirtschaft, wie sie in der heutigen Hauswirtschaft zutage tritt, in keiner Weise Schritt gehalten. Trotz mancher Anstrengung, die im Laufe des letzten Jahrhunderts von dieser oder jener Seite zur „Modernisierung" der Hauswirtschaft gemacht worden ist, trägt sie noch heute den Charakter eines mehr oder weniger primitiven Kleinbetriebs, der teils als Einzel-, teils als Familienhaushalt in die Erscheinung tritt. Ja, so gering war ihr Fortschritt in den letzten Jahrhunderten, daß es berechtigt scheint, von einer Stabilität menschlicher Konsumwirtschaft, von einer Erstarrung derselben in mittelalterlichen Formen zu sprechen.

Einer Beweisführung, welche Vorteile die zentralisierte und spezialisierte Bewirtschaftung mit sich bringt, bedarf es hier kaum. Die Erkenntnis dieser Vorteile ist der wirtschaftenden Menschheit bereits so in Fleisch und Blut übergegangen, daß das Streben nach Zentralisation, trotz mancher in Streitrufen nach Dezentralisation sich kundgebenden Gegnerschaft, zur allgemeinen wirtschaftlichen Richtlinie geworden ist. Wie ein Rätsel, dessen Lösung wir in den nächsten Blättern versuchen werden, muß es daher erscheinen, daß man bis heute in der Hauswirtschaft den Kleinbetrieb mit seinen großen ökonomischen Nachteilen beibehalten hat.

Schreitet nun, wie anzunehmen ist, die Produktionswirtschaft in ihrer Entwicklung in dem gleichen Tempo wie bisher weiter, ohne daß die Verbrauchswirtschaft aus ihrer Erstarrung erwacht, so ist die unausbleibliche Folge, daß diese immer weiter hinter ihr zurückbleibt und somit der Abstand zwischen beiden Wirtschaftsgebieten ein immer größerer wird. Daß das aber keine lachende wirtschaftliche Perspektive ist, liegt auf der Hand. Im Interesse unserer Volkswirtschaft muß es daher als eine Forderung zwingender Notwendigkeit erscheinen, die Hauswirtschaft so schnell wie möglich voranzubringen, ihr gleichsam Siebenmeilenstiefel anzuziehen, damit sie in absehbarer Zeit ihre ihr weit vorausgeeilte Schwester einholt.

Und das Mittel hierzu? Sie denselben ökonomischen Prinzipien zu unterwerfen, deren Anwendung den gewaltigen Aufschwung der Produktionswirtschaft im Laufe des letzten Jahrhunderts herbeigeführt hat. Also Zusammenfassung von Klein- zu Großhaushaltungen: Zentralisierte Hauswirtschaft.

Zwei Gruppen bereits bestehender hauswirtschaftlicher Großbetriebe scheiden bei unserer Betrachtung von vornherein aus, da bei ihnen die hauswirtschaftliche Zentralisierung nicht als Selbstzweck, sondern als bloße Begleiterscheinung andere Ziele verfolgender Bestrebungen auftritt. Die erste Gruppe umfaßt alle Anstaltscharakter tragenden Großhaushalte, wie Erziehungs- und Krankenanstalten, Kasernen, Altersversorgungs- und Armenhäuser; die zweite Hotels, Fremdenpensionen und ähnliche Unternehmungen. Bei der ersten Gruppe sind es höchstens die Altersversorgungs-, Waisen- und Armenhäuser, bei denen das ökonomische Prinzip an erster Stelle steht. Auch sie kommen für uns wenig infrage, da wir es hier mit einer Anpassung an die unterstützungsbedürftigen Kreise der menschlichen Gesellschaft zu tun haben, während sich die in diesen Blättern aufgeworfene Frage der Gründung von Hauswirtschafts-Gemeinschaften — wir nennen sie Oekonomiate — hauptsächlich an die erwerbstüchtigen, zahlungsfähigen Schichten der Bevölkerung wendet. Bei der zweiten Gruppe spricht für ihr Ausschalten sowohl ihr stark ausgeprägter individualistisch-gewinnstrebender Charakter als ihre Bestimmung für vorübergehenden Aufenthalt, während das Oekonomiat auf dauernder hauswirtschaftlicher Versorgung der ihm angeschlossenen Personen fußt. Werden Hotels oder Pensionen, wie während des Krieges so häufig, zu dauerndem Aufenthalte gewählt, so geschieht es in den meisten Fällen „der Not gehorchend, nicht dem eignen Triebe“.

Wir legen also der Bezeichnung Oekonomiat eine scharf begrenzte Bedeutung unter. Wir verstehen darunter einen Großhaushalt., der den hauswirtschaftlichen Großbetrieb als Selbstzweck verfolgt, dauernde hauswirtschaftliche Versorgung anstrebt und dessen Verwaltung derart organisiert ist, daß der durch die Bewirtschaftung in großem Maßstab erzielte Gewinn nicht in die

Tasche eines einzelnen fließt, sondern der Gesamtheit der beteiligten Personen zugute kommt.

Um die Konsumwirtschaft möglichst rein hervortreten zu lassen, werden wir uns im allgemeinen auf die Betrachtung städtischer Kleinhaushalte beschränken, da hier die in ländlichen Haushalten so überaus häufige Verquickung von Erwerbs- und Verbrauchswirtschaft in der Hauptsache in Wegfall kommt. Eine besondere Hervorhebung des städtischen Kleinhaushalts empfiehlt sich auch aus dem weiteren Grunde, weil der Zentralisierung ländlicher Kleinhaushalte infolge ihrer oft isolierten Lage sich weit größere Schwierigkeiten entgegenstellen dürften, als es bei städtischen Kleinhaushalten der Fall ist.

Diese Betonung städtischer Verhältnisse soll nun aber durchaus nicht so verstanden werden, als ob der ländliche Kleinhaushalt jetzt und für alle kommenden Zeiten von Zentralisationsbestrebungen auszuschalten sei. Sie soll nur ein Hinweis sein auf die Tatsache, daß gegenwärtig im städtischen Kleinhaushalte die wirtschaftlichen Verhältnisse bedeutend einfacher liegen und daher hier die Stelle in der Konsumwirtschaft zu suchen ist, wo der Hebel der Zentralisation vor allen Dingen anzusetzen wäre.

III.

Der unökonomische Charakter heutiger Hauswirtschaft.

Wie jeder Kleinbetrieb krankt auch der heutige Kleinhaushalt an den Mängeln einer einseitig empirisch-individualistischen Bewirtschaftung.

Stellt man dem Durchschnitts - Kleinhaushalt von heute den aus dem Anfange des vorigen Jahrhunderts zum Vergleiche gegenüber, so kann man sich schwer der Erkenntnis verschließen, daß, abgesehen von einigen unbedeutenden technischen Verbesserungen, kein wesentlicher Unterschied zwischen beiden vorhanden ist. Es ist daher kaum zu viel gesagt, wenn man behauptet, daß sich unsere heutige Hauswirtschaft in der Hauptsache nach den Erfahrungen unserer Urgroßmütter vollzieht. Dieser Umstand findet ganz einfach seine Erklärung darin, daß die meisten der hauswirtschaftlichen Kenntnisse auf dem Wege der Tradition von Geschlecht zu Geschlecht weitergegeben worden und so bis auf unsere Generation gekommen sind.

Heute wie vor hundert Jahren dient zur Bereitung der Speisen im Familienhaushalte der mehr oder weniger primitive Kleinherd, dieser Moloch, dem der Staat jährlich die Kohlen tonnenweise in den ewig hungrigen Rachen wirft. Wo Gasanschluß vorhanden, wird der Gasofen oder Gaskocher in vielen Familien fast nur zum Kochen von Wasser oder zur schnellen Zubereitung kleiner Speisen verwendet. Mit geringen Abänderungen der Kochrezepte werden die Speisen heute kaum ökonomischer zubereitet als zu Zeiten unserer Urgroßmütter. Das Reinigen der Wohnung, das Waschen, Trocknen, Plätten geschieht heute noch fast in derselben Weise wie vor hundert Jahren. Heute wie damals ist in der Hauswirtschaft Handarbeit Trumpf. Man hat oft gesagt, wir lebten im Maschinenzeitalter, im Zeitalter des Dampfes, der Elektrizität. Nun, in unserer heutigen Hauswirtschaft merkt man jedenfalls verschwindend wenig davon. Hier herrscht noch eine allen technischen Errungenschaften der Gegenwart hohnsprechende Bewirtschaftung in allerprimitivster Weise.

Sieht man näher zu, so erkennt man als letzten Grund dieses Uebelstandes die Tatsache, daß man die Verbrauchswirtschaft bisher fast ausschließlich der Frau überlassen hat, die infolge jahrhundertelanger Vernachlässigung ihrer Verstandesbildung weit mehr als der Mann geneigt ist, nach Erfahrungsgrundsätzen zu handeln, rationellen Erwägungen dagegen nicht allzu leicht zugänglich ist.

Außer dieser stark hervortretenden empirischen Seite trägt unsere Hauswirtschaft einen nicht minder scharf ausgeprägten individualistischen Charakter, der naturgemäß in der letzten Hauswirtschaftseinheit, dem Einzelhaushalte, am meisten ins Auge springt. Aber auch der Familienhaushalt verleugnet seine individualistische Natur kaum; denn was ist er in seiner heutigen Form im Grunde genommen anders als eine Erweiterung der individuellen Wirtschaftssphäre des Mannes? Da nun dieser der bisher ausschlaggebende Faktor im Familienhaushalte war, so wird man wohl kaum fehlgehen, wenn man den Grund für diese stark individualistische Färbung unseres Familienhaushalts in dem Umstande sucht, daß die Mehrzahl der Männer trotz ausgesprochener Hinneigung der Verstandesseite zur Vergesellschaftung in ihrem Gefühlsleben stark individualistischen Unterströmungen folgen, die sie, wenn nicht zum Einzel-, so doch zum engbegrenzten Familienhaushalte hindrängen.

Diese empirisch-individualistische Tendenz des gegenwärtigen Kleinhaushalts ist nun bis auf den heutigen Tag die Hauptklippe gewesen, an der alle Bestrebungen, den Betrieb unserer Hauswirtschaft ökonomischer zu gestalten, gescheitert sind. Für zukünftige hauswirtschaftliche Zentralisationsbestrebungen ergibt sich also ganz von selbst die Frage: Wie wird sich, um der Reform Erfolg zu sichern, diese Doppelklippe umgehen lassen?, eine Frage, die an geeigneterer Stelle ihre Beantwortung erfahren soll.

Der Maßstab, der bei Prüfung ihres ökonomischen Wertes an alle Wirtschaftserscheinungen zu legen ist, ist bekanntlich das wirtschaftliche Grundprinzip größtmöglichster Rentabilität. Entspricht das Wirtschaftsergebnis dem zur Erzielung desselben in Anwendung gebrachten Aufwande an Kosten, Zeit und Kraft? Kürzer gesagt: Rentiert sich die Sache?

Wie steht es nun mit den in der Hauswirtschaft erzielten Resultaten gemessen an diesem Grundprinzip? Wir werden in Nachstehendem zu beweisen versuchen, inwiefern unsere heutige Konsumwirtschaft diesem obersten wirtschaftlichen Grundsatze geradezu ins Gesicht schlägt.

Die Bewirtschaftung in kleinem und kleinstem Maßstabe führt mit Naturnotwendigkeit zu einem erheblichen Mehraufwande an Kosten. Dieser Mehraufwand ist um so größer, je kleiner der Haushalt ist. Im großen Familienhaushalte macht er sich zwar immer noch, aber doch weniger fühlbar, da sich dieser mehr oder weniger dem zentralisierten Betriebe nähert.

Dieser Mehraufwand an Kosten ergibt sich teils durch unwirtschaftlichen Einkauf, teils durch Vergeudung, sowohl an Brennmaterial als an Nahrungsmitteln.

Was den unökonomischen Einkauf in kleinen Quantitäten angeht, so hat die Erkenntnis dieses Uebelstandes schon vor fünfundsiebzig Jahren arme englische Weber, die bekannten Pioniere von Rochdale, veranlaßt, wenn auch nicht den ersten, so doch denjenigen Konsumverein zu gründen, der die gewaltige Bewegung zugunsten des Großeinkaufs auf genossenschaftlicher Grundlage auslöste. Daß aber trotz der weiten Verbreitung, die diese Einkaufsvereine auch bei uns gefunden haben, die Zahl der Hausfrauen, die in geringen Mengen in kleinen Kram- und Gemüseläden und zu entsprechend hohen Detailpreisen einkaufen, auch gegenwärtig noch eine ungemein hohe ist, darüber herrscht wohl kaum der geringste Zweifel. Käme es den teils durch die heutigen wirtschaftlichen Verhältnisse zum Kleineinkaufe gezwungenen, teils ihm aus freiem Antriebe huldigenden Hausfrauen auch nur einigermaßen zu Bewußtsein, daß sie bei dieser Methode in Friedenszeiten durchschnittlich 25 Prozent, im Kriege wohl weit mehr — die augenblicklichen Verhältnisse entziehen sich jeder genauen Berechnung — dem Kleinhändler in den Schoß werfen, gar manch eine würde doch wohl nach Befreiung von diesem Schröpfkopfe des Detailhandels Umschau halten.

Zu diesem Mehraufwande an Kosten durch unökonomischen Einkauf tritt eine weitere Erhöhung des Kostenaufwandes infolge des Riesenbedarfs an Brennmaterial, den die zahlreichen Kleinbetriebe nötig haben, ein Bedarf, der in gar keinem Verhältnisse zu dem erzielten Ergebnisse steht. Es leuchtet ohne weiteres ein — und die an den Massenküchen gemachten Erfahrungen bestätigen es zur Genüge —, daß ein Zentralofen, der die Speisenzubereitung einer großen Anzahl von Kleinhaushalten übernimmt, auch nicht im entferntesten die Menge dessen verbraucht, was die Gesamtheit der durch ihn ersetzten Kleinöfen an Heizstoffen benötigt.

Was endlich den dritten Punkt, die Vergeudung von Nahrungsmitteln, betrifft, so ist es nicht weniger einleuchtend, daß in zahlreichen Kleinhaushalten verhältnismäßig mehr Abfälle im Küchenbetriebe sich ergeben müssen als im zentralisierten Großhaushalte. Mit besonderer Schärfe tritt jedoch die Vergeudung von Lebensmitteln im Kleinküchenbetriebe hervor, wenn man sich vergegenwärtigt, wieviel durch unerfahrene junge Hausfrauen und oft noch unerfahrenere Dienstboten verdorben wird und in Mülleimer und Rinnstein wandert. Gewiß hat auch hier der Krieg, der harte, unerbittliche Lehrmeister, bis zu einem gewissen Grade Wandel geschaffen. Und doch ist mit Sicherheit anzunehmen, daß auch heute noch in gutgestellten Häusern — von ländlichen Verhältnissen ganz zu schweigen — vielfach Nährwerte auf diese Weise der Volksernährung verloren gehen. Selbst wenn wir alle im Ueberfluß lebten, wäre jede Vergeudung von Nahrungsmitteln vom volkswirtschaftlichen Standpunkte aus zu beanstanden. Nun, da wir Mangel am Nötigsten leiden, bedeutet jeder durch hauswirtschaftliche Unachtsamkeit herbeigeführte Verlust an Nährwerten eine nicht wieder gut zu machende Schädigung des Volksganzen.

Uebrigens handelt es sich hier weniger um die Betrachtung anormaler Kriegszustände als um Wirtschaftsverhältnisse, wie sie vor dem Kriege bestanden haben und wie sie sich hoffentlich nach Friedensschluß, wenn auch ganz allmählich und nur annähernd, wieder einstellen werden. Und für diese Zeit nach endgültiger Einstellung der Feindseligkeiten scheint es eben dringend geboten, einer ähnlichen Vergeudung von Volksnährwerten und anderen Lebensmitteln [2]), wie sie vor dem Kriege geherrscht hat, auf jede Weise entgegenzuarbeiten. Es gilt, mit dem alten lächerlichen Wirtschaftssystem, das unter einer Anspannung der Volkskraft, die zuweilen an Erschöpfung grenzte, eine möglichst große Menge von Erzeugnissen aus der Menschheit herauspreßte, um sie in der Konsumwirtschaft nach Herzenslust vergeuden zu können, ein für allemal zu brechen, um Kraft für höhere Lebensbetätigung frei zu bekommen.

Seltsam, während man auf allen anderen Gebieten der Volkswirtschaft Stümperarbeit von Anfängern aufs schärfste überwacht, und so finanzielle Verluste auf ein Minimum zu reduzieren sucht, läßt man in der den Kritikerblicken der Oeffentlichkeit entzogenen Hauswirtschaft Millionen sowohl theoretisch als praktisch mangelhaft vorgebildeter Personen lustig weiterstümpern, und zwar nur, weil die Riesenverluste auf diesem Gebiete die Eigenheit haben, sich zu verstecken und nicht so auf Heller und Pfennig nachzurechnen sind wie die finanziellen Verluste auf anderen Wirtschaftsgebieten.

Zu diesem durch die unwirtschaftliche Methode heutiger Hauswirtschaft herbeigeführten Mehraufwand an Kosten tritt weiter ein nicht geringerer Mehraufwand an Zeit. Die Erkenntnis, daß Zeit Geld ist, scheint der wirtschaftenden Menschheit in ihrer Gesamtheit noch keineswegs in Fleisch und Blut übergegangen zu sein. Auf alle Fälle scheint man der Ansicht zu huldigen, daß Frauenzeit nicht Geld bedeutet. Selbst wenn wir von der Betrachtung anormaler Kriegszustände absehen, eine Betrachtung, wohl geeignet, uns, was hauswirtschaftliche Zeitverluste angeht, die Haare zu Berge stehen zu lassen, wieviel kostbarste Zeit geht nicht auch unter normalen Friedensverhältnissen durch das tägliche Einholen kleiner Nahrungsmengen, durch das mehrmalige tägliche Kochen für eine oder wenige Personen im Wirtschaftshaushalte unseres Volkes auf unsinnigste Weise verloren.

Und endlich tritt zu diesem doppelten Verluste an Kosten und Zeit ein dritter: Der an Volkskraft, ein Verlust, der um so beklagenswerter ist, je mehr die Menschheit in nächster Zukunft es nötig haben wird, die Riesenverluste an wirtschaftlichen Werten, die der Krieg gebracht, durch hervorragende Produktionsleistungen wieder auszugleichen.

Erfreulicherweise beginnt sich, wenn auch zögernd, die Erkenntnis durchzuringen, daß eine dauernde Vergeudung von Frauenkraft noch unsinniger ist als ein zeitweiliges Brachlegen arbeitshungriger Manneskraft. Die Zeiten, da Frauenkraft sozusagen auf der Straße lag, sind vorüber. Der Krieg hat, wie alle Preise, so auch ihren Preis gehoben. Eins ist ihm aber trotz allem nur teilweise gelungen: Die im Kleinhaushalte mit ganz geringem Nutzen für das Volksganze verpuffende Frauenkraft, die zur Erzielung des gleichen Ergebnisses auf ein Minimum reduziert werden könnte, zu intensiver Verwertung heranzuziehen. Soviele unfruchtbare Felder unseres Landes hat der Krieg, der große Pflüger, in fruchtbares Heimatgebiet umgeschaffen. Sollte er nicht auch imstande sein, das weite Feld brachliegender Frauenkraft in ertragfähiges, reichen Gewinn verheißendes Land umzuwandeln?

Wieviel an Kraft könnte auch in der Hauswirtschaft durch die Anwendung von Maschinen gespart werden. Auf allen anderen Gebieten des Wirtschaftslebens hat der maschinenmäßige Betrieb sich durchzusetzen verstanden. In der Landwirtschaft beginnt er, sogar auf kleineren Gütern seinen Einzug zu halten. Nur der Hauswirtschaft scheint die Verwendung von Maschinenkraft noch jungfräuliches Neuland zu sein. Ueberall sucht man der Erkenntnis Rechnung zu tragen, daß eine einzige Maschine bei ganz geringem Aufwande an Menschenkraft oft das Zehn- und Hundertfache von dem leistet, was ein Mensch in derselben Zeit zu leisten imstande ist. Nur der Hauswirtschaft scheint diese Erkenntnis noch nicht aufgegangen zu sein. Freilich, einer Hauswirtschaft, wie sie heute im Schwange ist, wäre maschinenmäßiger Betrieb ein Ding der Unmöglichkeit. Ehe diese nicht die ärmliche Kinderstube des Kleinbetriebs gegen die Arbeitsstätte kapitalkräftigen Großbetriebs eingetauscht hat, ist an eine weitgehende Verwendung von Maschinen nicht zu denken. Diese Unmöglichkeit der Verknüpfung eines sich rentierenden maschinenmäßigen Betriebs mit der Kleinwirtschaft ist es ja gerade, die überall da, wo dieser geboten erscheint, zur Großwirtschaft hindrängt. Will man also auch die Hauswirtschaft an den erstaunlichen Kraftleistungen maschinenmäßigen Betriebs teilhaben lassen, so gibt es zur Erreichung dieses Ziels nur ein Mittel: Umwandlung des hauswirtschaftlichen Kleinbetriebs in den Großbetrieb.

IV.

Folgen dieser unwirtschaftlichen Methode.

Das Ergebnis dieser unökonomischen Methode in der menschlichen Konsumwirtschaft ist, wie vorauszusehen, kein erfreuliches. Am schärfsten tritt es hervor, wenn man Erwerbs- und Verbrauchswirtschaft vergleichsweise gegenüberstellt. Gewiß sind sie sozusagen Antipoden. Die eine häuft neue Güter an, die andere nimmt von den angesammelten Schätzen. Und doch könnten sie wie zwei Schwestern Hand in Hand einem gemeinsamen Ziele zustreben: Größtmöglicher Vermehrung des Volksreichtums, ja, gehen wir einen Schritt weiter, weitgehendster Steigerung weltwirtschaftlichen Besitzes, und zwar die eine, indem sie neue Werte schafft, die andere, indem sie durch größte Sparsamkeit im Güterverbrauch dafür sorgt, daß die Gütereingänge bei weitem den Verbrauch übertreffen.

Daß wir hier unmöglich die Kriegszustände zum Ausgangspunkt unserer Betrachtung machen können, liegt auf der Hand. Inanbetracht der durch den Krieg auf einer großen Anzahl von Produktionsgebieten herbeigeführten Stagnation würde eine solche Betrachtung ein wahres Zerrbild unseres Wirtschaftslebens ergeben. Versuchen wir also, uns auf einige Minuten in die fast sagenhaft gewordene Vorkriegszeit zurückzuversetzen. Welches Bild bot sich uns dar? Auf dem Gebiete der Erwerbswirtschaft ein bienenfleißiges Rühren und Schaffen, das Bestreben, aus allem und jedem, und seien es Dinge, die der Volksmund als Abfall und Unrat bezeichnet, Nutzen und Gewinn für den Wohlstand des Volkes zu ziehen, nichts, auch nicht das Unscheinbarste am Wege liegen zu lassen, wenn es gilt, die menschlichen Vorratskammern zu füllen. Und der Erfolg dieses unermüdlichen Gewinn- und Sammeldranges? Sollte man nicht meinen, der Stock europäischer Wirtschaft müßte trotz des Vernichtungs- und Zerstörungswahnsinns der letzten Jahre noch stattliche Reserven zur Verfügung haben. Statt dessen hören wir, daß der Wirtschaftsstock Europas bereits so zusammengeschmolzen ist, daß nur die amerikanischen Ueberschüsse imstande sind, einen völligen Zusammenbruch des europäischen Wirtschaftslebens zu verhindern. Ist's möglich? Nur eine kurze Spanne Zeit, noch nicht fünf Jahre — was sind fünf

Jahre im Zeitenbuche der Menschheit? — sind vergangen, seitdem einige feindliche Bienenschwärme zur Vernichtung gegeneinander ausgezogen, und schon geht es in ihren Stöcken zur Neige, schon sieht man in vielen den Boden. Ist's möglich? Nicht größer war der Gewinn, den wir durch all unser fieberhaftes Schaffen und Zusammenraffen erzielt? Wo liegt die Schuld für dieses klägliche Fiasko der wirtschaftenden Menschheit Europas? Nun, ich meine, nicht in der Produktionswirtschaft ist der Grund für dieses Versagen zu suchen. Sie hat getan, was sie konnte, die menschlichen Vorratskammern zu füllen. Nicht sie, die Verbrauchswirtschaft, die schlechte Haushälterin einer bienenfleißigen Gefährtin, trägt die Hauptverantwortung unseres Wirtschaftsfiaskos. Hat sie während des Krieges unter dem Drucke eiserner Notwendigkeit gelernt, mit Wenigem hauszuhalten, vor dem Kriege glich sie in ihrem sorglosen Draufloswirtschaften der Grille, die den Sommer durchtanzte, um im Winter zu darben. Was die eine in mühsamer Arbeit, in nieermüdender, zäher Ausdauer zusammentrug, die andere streute es verschwenderisch, der Zukunft nicht bedacht, in den Tag hinein und nur für den Tag lebend, mit vollen Händen in alle Winde.

Gewiß ist es nicht an ihr, der Konsumwirtschaft, zu schaffen und zu sammeln. Gewiß ist es das ihr im Wirtschaftsleben zugefallene Los, aus dem von der Produktionswirtschaft gefüllten Stocke zu nehmen. Aber wenn schon, so tue sie es mit zögernden Händen unter striktester Beachtung der gleichen ökonomischen Grundsätze äußerster Sparsamkeit, weitgehendster Ausnutzung auch des Unscheinbaren, die ihrer Schwester zu Ehre und Ansehen verholfen. In ihrer heutigen Gestalt hat die Konsumwirtschaft die allgemeine Geringschätzung, die ihr vonseiten der Volkswirte zuteil wird, reichlich verdient. Erwerbs- und Verbrauchswirtschaft. Schwestern sind es wohl. Aber sie ziehen an verschiedenen Strängen.

Ist es unter diesen Umständen zu verwundern, daß trotz der Riesenfortschritte in der Produktion, die bei guter Verteilungsmethode imstande gewesen wäre, die ganze Menschheit auf Jahre und Jahrzehnte hinaus mit Lebensmitteln aller Art überreich zu versorgen, kein wesentlicher Fortschritt in der wirtschaftlichen Lage weiter Bevölkerungskreise zu verzeichnen war. Gewiß spielen andere Umstände als Ursache dieser Erscheinung mit hinein: Unser vampyrartiges kapitalistisches Wirtschaftssystem, das zahllosen Nichtarbeitern ein sorgloses Schmarotzerdasein gestattet, die Enteignung der größten Masse des Volkes von Grund und Boden und die an manchen Orten phantastisch zu nennende Steigerung der Grundrente, die herrschende Willkür in der Verteilung des Arbeitsertrages, kurz eine durch lange Klassenherrschaft gefestigte unerhörte Privilegienwirtschaft. Spielen diese Gründe ohne Zweifel eine ganz bedeutende Rolle in der großen Menschheitsmisere, die andere Ursache: Vergeudung in der Konsumwirtschaft, wie sie vor dem Kriege in großem Maßstabe betrieben wurde, scheint wohl geeignet, ihnen allen die Wage zu halten. Angenommen also, jene andern Ursachen von Menschenjammer und -elend würden mit der Zeit im demokratisch-sozialistischen Staate verschwinden, unsere rückständige, Erzeugnisse, Zeit und Volkskraft vergeudende Verbrauchswirtschaft aber weiterbestehen, so würde der Aufstieg aus wirtschaftlichen Tiefen voraussichtlich mit äußerster Langsamkeit erfolgen. Die unökonomische Konsumwirtschaft würde als ewiger Hemmschuh unserm Wirtschaftswagen das Tempo vorschreiben. Lehren wir dagegen die Verbrauchswirtschaft, anstatt durch unsinniges Drauflos wirtschaften der Produktionswirtschaft dauernd entgegenzuarbeiten, mit ihr am gleichen Strange zu ziehen, so findet unser so arg verfahrener Wirtschaftswagen vielleicht doch noch einmal das rechte Geleise.

V.

Zentralisierte Hauswirtschaft.

Um Klarheit darüber zu erlangen, wo die Zentralisierung in der Hauswirtschaft bereits erfolgt ist, wo sie dagegen als ein noch zu verwirklichendes Postulat erscheint, ist es vor allen Dingen nötig, sich einen Ueberblick über das infrage kommende Gebiet zu verschaffen.

Im Mittelpunkte der Hauswirtschaft steht unstreitig der Nahrungsmittelkonsum. Mehr als je ist uns während des Krieges diese führende Stellung des Nahrungsmittelverbrauchs zum Bewußtsein gekommen. Gewiß hat er auch in Friedenszeiten, besonders im Haushalte der wirtschaftlich schlecht gestellten Volksschichten, eine dominierende Stellung inne gehabt. In den letzten Jahren ist seine Macht jedoch zur wahren Tyrannenherrschaft geworden, der sich der übrige Teil der Hauswirtschaft wohl oder übel unterzuordnen hat. Diese Unterordnung entspricht übrigens sowohl volkshygienischen als sozialökonomischen Prinzipien; denn so wahrscheinlich es ist, daß Beschränkungen auf den übrigen Gebieten der Hauswirtschaft nur geringe Schädigungen der Volksgesundheit zeitigen werden, so sicher ist es, daß eine übermäßige Reduktion im Nahrungsmittelverbrauche eine dauernde Beeinträchtigung der sanitären Verhältnisse unseres Volkes und damit zugleich erhebliche, in erhöhter Inanspruchnahme von Krankenkassen und Krankenhäusern zutage tretende sozialwirtschaftliche Verluste zur Folge haben müssen, eine Tatsache, die bereits durch die hohe Erkrankungs- und Sterblichkeitsrate der letzten Jahre zweifelsfrei erwiesen wurde. Es ist daher nur zu erklärlich, daß unser Volk die staatliche Streckungsmethode, soweit sie sich auf Rationierung von Reinigungs-, Heiz- und Beleuchtungsmitteln erstreckte, ohne viel Geschrei hinnahm, während es bei jeder weiteren Streckung der Nahrungsmittel grollend seine Stimme erhob. Nahrungsmittelkonsum. Wer hätte einst in der wie ein Märchen aus alten Tagen anmutenden Zeit vor dem Krieg es für möglich gehalten, daß einmal eine wahre Sintflut von Tinte und Druckerschwärze sich ergießen würde, um über seine zentrale Bedeutung in der Konsumwirtschaft auch nicht den geringsten Zweifel bestehen zu lassen.

Bei der allgemeinen wirtschaftlichen Kriegsdurchleuchtung sind erfreulicherweise auch einige Strahlen auf andere Gebiete der Hauswirtschaft gefallen. Die durch den wachsenden Mangel an Menschenmaterial verschärfte Dienstbotennot lenkte die Aufmerksamkeit auf den gegenwärtig so unökonomischen Betrieb der Reinigungsarbeiten. Der Mangel an Leucht- und Heizstoffen brachte uns die halb vergessene Tatsache wieder ins Bewußtsein, daß auch heute noch ein großer Teil der Bevölkerung auf primitivste Petroleumbeleuchtung und ausschließliche Kohlenheizung angewiesen ist. Die immer weiter um sich greifende Heranziehung von Frauen und Müttern zur Berufsarbeit öffnete vielen die Augen über unsere an den Mängeln des Kleinbetriebes krankende, in der Enge des Proletarierhaushalts erstickte Kinderpflege.

Neben dem Hauptgebiete des Nahrungsmittelverbrauchs würden also als Nebengebiete der Hauswirtschaft die Gebiete der Reinigungsarbeiten, der Heizung und Beleuchtung und der Kinderpflege inbetracht zu ziehen sein.

Wie steht es nun auf all diesen Gebieten mit der Durchführung des Zentralisationsgedankens?

Was den zentralisierten Nahrungsmittelkonsum angeht, so finden wir vereinzelte Beispiele bei verschiedenen Völkern sowohl alter als neuer Zeit. Auf diese Erscheinungen, besonders die aus neuerer Zeit, näher einzugehen, wird Aufgabe des geschichtlichen Teils dieser Arbeit sein.

Was die Kriegserscheinungen der Massenküchen mit ihren unangenehmen Massenabfütterungs-Begleiterscheinungen betrifft — die ambulanten Küchen verschiedener Städte machen darin eine rühmliche Ausnahme —, so haben wir es zwar hier ebenfalls mit zentralisierter Speisenzubereitung zu tun, aber es handelt sich in diesem Falle nicht um eine solche im Sinne zentralisierter Hauswirtschaft. Diese in der Verbrauchswirtschaft zutage tretenden Zentralisations-Kriegsbestrebungen nehmen der Hauswirtschaft völlig ihrer einheitlichen Charakter, reißen sie in ihre verschiedenen Teilgebiete auseinander, tragen sozusagen, indem sie diesen hauswirtschaftlichen Teilgebieten ein neues Zentrum außerhalb des Kreises geschlossener Hauswirtschaft schaffen, bei aller Zentralisation zentrifugalen Charakter. Abgesehen also von jenen oben erwähnten Fällen, auf die wir an anderer Stelle einzugehen gedenken, von denen übrigens ein Teil auch diese die Hauswirtschaft auflösende Tendenz zeigen, harrt demnach der Gedanke eines im Mittelpunkte kollektivistisch betriebener Hauswirtschaft stehenden zentralisierten Nahrungsmittelkonsums noch seiner Verwirklichung.

Auf einigen Nebengebieten der Hauswirtschaft dagegen, denjenigen der Heizung und Beleuchtung, hat sich das Zentralisationsprinzip bereits in großem Umfange durchgesetzt, ohne, wie beim kriegsmäßig zentralisierten Nahrungsmittelverbrauch, eine Herauslösung dieser Teilgebiete aus der hauswirtschaftlichen Einheit zu bedingen. Daß der Krieg, nebenbei bemerkt, auch eine derartige Isolation von Heizung und Beleuchtung zum Zwecke der Zentralisation fertig bringen würde, war vorauszusehen. Sie ist in den winterlichen Volksarbeits- und Wärmestuben in die Erscheinung getreten. Allen diesen Kriegseinrichtungen gegenüber möchten wir noch einmal betonen, daß sie eine kaum erstrebenswerte vollständige Auflösung hauswirtschaftlicher Einheit bedeuten, während die dieser Arbeit zugrunde liegenden Reformbestrebungen diese Einheit im Gegenteil so viel wie möglich gewahrt wissen wollen. Derartige die Hauswirtschaft zersetzende Kriegserscheinungen spielen also für unsere Betrachtungen höchstens die Rolle, daß sie uns zeigen, auf welche Weise eine Zentralisierung, die keine Notmaßnahme bedeutet, nicht wünschenswert erscheint.

Anders verhält es sich mit den zum dauernden Bestande hauswirtschaftlichen Betriebes gewordenen Einrichtungen kollektivistischer Versorgung mit Wasser, Gas, elektrischer Energie, mit Zentralheizung und Warmwasserversorgung, die die Integrität und geschlossene Einheit der Hauswirtschaft in keiner Weise antasten und die alle dem heutigen Mittelpunkte hauswirtschaftlicher Tätigkeit, dem Familien- oder dem Einzelhaushalte, zustreben.

Verschiedene Umstände bringen es leider mit sich, daß die ökonomischen Vorteile einiger dieser Zentralisationseinrichtungen gegenwärtig oft ganz zurücktreten, wenn auch andere Vorzüge eine überaus beredte Sprache sprechen. Nur da, wo die Anlage dieser Einrichtungen, wie bei der Versorgung mit Wasser, Gas und elektrischem Strom, auf breitester ökonomischer Basis durch Körperschaften, besonders Stadtverwaltungen, erfolgt ist, hat sich die Sache als rentabel erwiesen, so daß diese hauswirtschaftlichen Erleichterungen weiten Bevölkerungskreisen zugänglich gemacht werden konnten. Dagegen läßt überall dort, wo, wie bei Zentralheizung und Warmwasserversorgung, die Anlage in verhältnismäßig kleinem Maßstabe geschieht und privater Unternehmung überlassen ist, die Rentabilität der Anlage mehr oder weniger zu wünschen übrig, ein Umstand, der den Unternehmer zwingt, die Verzinsung des Anlagekapitals durch entsprechend hohe Mietpreise sicherzustellen. So kommt es, daß Zentralheizung und Warmwasserversorgung heute noch das Privilegium gutgestellter Kreise sind.

Was nun die Erschließung dieser hauswirtschaftlichen Zentralisationseinrichtungen für die breite Masse des Volkes angeht, so könnte es scheinen, als sei hier eine Anlage in großem und größtem Maßstabe von vornherein ausgeschlossen. Für die heutige Art der Anlage zentralisierter Heizung und Warmwasserversorgung mag das zutreffen. Bekanntlich ist aber schon seit längerer Zeit eine lebhafte Agitation im Gange, elektrische Energie in größtem Maßstabe Heizzwecken dienstbar zu machen.[3]) Findet diese Idee ihre Verwirklichung und tritt, um eine Lösung der Aufgabe in großzügiger Weise in die Wege zu leiten, Verstaatlichung der elektrischen Kraft an Stelle des noch allerlei Hemmungen unterworfenen kommunalen Betriebes unserer Elektrizitätswerke, so wären dadurch die Schwierigkeiten, die sich bisher einer Nutzbarmachung elektrischer Energie für andere hauswirtschaftliche Gebiete entgegenstellten, in der Hauptsache beseitigt, und die Größe des Betriebes würde jedenfalls eine derartige Reduktion der Kosten im Gefolge haben, daß einer Zugänglichmachung dieser Einrichtungen für den weitaus größten Teil des Volkes nichts mehr im Wege stände.

Was Reinigungsarbeiten angeht, namentlich die Verrichtung schwerer Hausarbeit, wie Teppichklopfen, Fußbödenreinigen, Fensterputzen, Reinigen der Leib- und Bettwäsche, so ist eine Zentralisierung derselben im Sinne hauswirtschaftlichen Kollektivbetriebs ebenfalls ein noch zu verwirklichendes Postulat. Die auf diesem Gebiete zutage tretenden Zentralisationsbestrebungen, wie Teppichklopfinstitute, Fensterreinigungs- und Großwaschanstalten, tragen wie die Kriegsmassenküchen einen die Hauswirtschaft auflösenden, zentrifugalen Charakter, liegen also außerhalb des Kreises unserer Betrachtungen.

Endlich: Die Kinderpflege. Daß man auf diesem Gebiete kaum über geringe Anfänge der Zentralisierung hinaus ist, obgleich sich hier die Notwendigkeit rationellen Großbetriebs von Tag zu Tag energischer fühlbar macht, das beweisen die unzähligen Erörterungen in Sachen der Säuglingspflege, des Kinderschutzes, von denen Tagesblätter und Fachliteratur voll sind, das bekunden die zahlreichen Notmaßnahmen, die der Krieg geschaffen hat, um die im Kleinbetrieb der Kinderpflege hervortretenden Mißstände, wenn nicht aufzuheben, — dazu sind sie bei weitem nicht ausreichend — so doch erheblich zu mildern. Eine durchgreifende Maßnahme im Sinne zentralisierter Kinderpflege gehört also auch zu den sozialwirtschaftlichen Forderungen, die ihrer Verwirklichung noch entgegensehen.

Zusammenfassend läßt sich also sagen: Abgesehen von Anfängen zentralisierter Hauswirtschaft auf den Nebengebieten der Wasserversorgung, Heizung und Beleuchtung, steckt unsere heutige Hauswirtschaft noch tief in den Kinderschuhen menschlicher Bewirtschaftung, dem Kleinbetrieb. Gerade da, wo eine Zentralisierung besonders not täte, auf den so überaus wichtigen hauswirtschaftlichen Gebieten des Nahrungsmittelverbrauchs und der Kinderpflege, ist die Idee zentralisierter Hauswirtschaft ihrer Verwirklichung noch nicht wesentlich näher gerückt, als vor mehr als hundert Jahren zu der Zeit, da Owen, der mächtigste Förderer des Gedankens, in einem kleinen schottischen Industrieorte seine Realisierung prüfend erwog und bald entschlossen an die Ausführung seiner hauswirtschaftlichen Zentralisationspläne heranging.

VI.

Der eminent ökonomische Charakter zentralisierter Hauswirtschaft.

Während der jetzige Kleinhaushalt in der Hauptsache nach Erfahrungsgrundsätzen bewirtschaftet wird und technische Vervollkommnungen bei unseren Hausfrauen oft nur deshalb keinen Anklang finden, weil es ihrer stark eingewurzelten konservativen Sinnesrichtung besser entspricht, im alten Schlendrian weiter zu wirtschaften, ruht der hauswirtschaftliche Großbetrieb auf rationeller Grundlage. Alles, was als ein besserer, kürzerer Weg zur Herbeiführung ökonomischer Bewirtschaftung erkannt worden ist, wird im Kollektivhaushalt inbetracht gezogen. Damit es aber nicht etwa bei einer bloßen Erkenntnis dieses Weges bleibe, sondern derselbe auch beschritten werde, gestattet man in den Hauswirtschaftsgemeinschaften nicht mehr Anfängern und Stümpern, unter vielfacher Vergeudung von Werten unökonomisch drauflos zu wirtschaften, sondern zieht zu deren Bewirtschaftung geschulte Personen heran. Am vorteilhaftesten ist es ohne Zweifel, wenn diese Personen den alten Schlendrian nie gekannt, sondern von vornherein gelernt haben, — und dazu sind gutgeleitete Hauswirtschaftsschulen die geeignetste Stätte — ihr Wirtschaften nach Vernunftgrundsätzen zu regeln und alles, was die Wissenschaft auf diesem Gebiete zutage fördert, in den Kreis ihrer Wirtschaftsbetrachtungen zu ziehen und ihm praktisch Rechnung zu tragen. Dadurch wird zugleich dem Vorwurf der Sterilität, den man der Haushaltungswissenschaft nicht selten, sowohl von berufener, als von unberufener Seite macht, jeder Boden entzogen. In den Oekonomiaten würden also die Errungenschaften der Wissenschaft nicht toter Buchstabe bleiben, sondern unter der Leitung geeigneter Persönlichkeiten ihre Auferstehung in der Praxis feiern. Auf diese Weise wäre die rationelle Grundlage zu schaffen, auf der sich dann der hauswirtschaftliche Kollektivbetrieb durch und durch ökonomisch aufbauen ließe.

Es fragt sich nun, ob und inwiefern der zentralisierte hauswirtschaftliche Großbetrieb dem ökonomischen Grundprinzip des geringsten Aufwandes besser entspricht als unser jetziger Kleinhaushalt.

Zunächst wird auf verschiedene Weise eine bedeutende Herabminderung der Kosten erzielt. Während im Kleinhaushalte geringe Mengen von Waren meist minderwertiger Qualität zu hohen Detailpreisen eingekauft werden, erfolgt in den Oekonomiaten der Einkauf im Großen. Der Kleinhandel wird entweder durch den Großhandel oder durch den direkten Bezug vom Produzenten ersetzt. Der letzte Fall würde bei einer großen Zahl einheimischer Waren, wie Kohlen, Holz, Molkereiprodukten, Obst, Feldfrüchten, eintreten können und außer der Lieferung besserer Waren und erheblicher Kostenreduktion den weiteren Vorteil einer direkten Fühlungnahme zwischen Produzenten- und Konsumentenkreisen zur Folge haben. Diese nähere Bekanntschaft der beiden aufeinander angewiesenen und sich doch heute eher feindselig gegenüberstehenden Kreise wäre vielleicht imstande, die Beziehungen zwischen beiden freundschaftlicher zu gestalten und zugleich eine bessere Anpassung der Produktion an die Konsumtion herbeizuführen. Jedenfalls ist dieser direkte Bezug vom Produzenten, vorausgesetzt, daß nicht etwa hohe Transportkosten den Gewinn teilweise wieder aufheben, als der schlechthin vorteilhafteste Einkauf zu bezeichnen, da er alle zwischen Produzenten und Konsumenten sich einschiebende, den Preis der Erzeugnisse erheblich steigernde Mittelspersonen ausschaltet. Der Großhandel würde dann nur da einzusetzen haben, wo ein direkter Bezug vom Erzeuger entweder unmöglich oder hochgradig erschwert ist, also namentlich beim Einkauf ausländischer Produkte. Auch in diesem Falle wäre die Kostenersparnis eine nicht unwesentliche, da der preistreibende Zwischenhandel in Wegfall käme.[4]) Wie erheblich die auf diese Weise erzielte Preisreduktion sein und um was für ansehnliche Summen Spargelder es sich hier jährlich handeln würde, davon legen die Jahresberichte gut organisierter Konsumvereine und die Summen, die bei Jahresabschluß als Dividende an die Mitglieder zur Verteilung gelangen, ein beredtes Zeugnis ab.

Beim Heizmaterial wird die Ersparnis eine prozentual noch beträchtlichere. Hier reduzieren sich die Kosten um viele Hundert Prozent durch den Ersatz zahlreicher Kleinküchenöfen durch einen Zentralofen, eine Ersparnis, die um so gewaltigere Dimensionen anzunehmen imstande ist, je mehr Kleinhaushalte der Zentrale angeschlossen sind, je größer also die Zahl der durch den Zentralofen ersetzten Kleinöfen ist.

Eine dritte nicht weniger bedeutende Reduktion der Kosten bringt der sparsamere Verbrauch an Nahrungsmitteln mit sich. Trotz dieses verminderten Verbrauchs erfährt die Ernährung natürlich nicht die geringste Einbuße. Sie wird im Gegenteil eine bessere, weil rationellere. Da die Leitung der Oekonomiate Personen anvertraut ist, die genau wissen, welche Nahrungsmittel den Ernährungsforderungen am besten entsprechen, scheiden Lebensmittel, die infolge ihrer geringen Ergiebigkeit dem menschlichen Körper nur wenig Nährwerte zuzuführen imstande sind, bei der Wahl völlig oder teilweise aus. Diese vom Standpunkte der Ernährungswissenschaft minderwertigen Nahrungsmittel werden durch solche mit größtmöglichem Nährgehalt ersetzt, was darauf hinausläuft, daß ein rationell ernährter Mensch zwar geringere Quantitäten an Nahrungsmitteln, aber gleiche, wenn nicht höhere Nährwerte in konzentrierter Form zu sich nimmt. Dabei springt zugleich der weitere keineswegs zu verachtende Vorteil heraus, daß eine gesundheitsschädigende Ueberlastung der Verdauungsorgane mit großen Mengen schwerverdaulicher, namentlich vegetabilischer Stoffe, die sozusagen nur den Körper passieren und oft nur zum verschwindend kleinen Teile zu dessen Ernährung beitragen, vermieden wird.[5]) Daß aber der Kostenaufwand kleiner Mengen rationell gewählter Nahrungsmittel sich niedriger stellt als der für große Mengen von geringem Nährwerte, bedarf wohl keiner näheren Begründung. Bestimmte Lebensmittel von besonders hohem Nährgehalte, wie getrocknete Hülsenfrüchte, die außerdem den Vorzug großer Billigkeit haben, vor deren Zubereitung die Hausfrau aber oft wegen der hierzu erforderlichen verhältnismäßig großen Menge von Brennmaterial zurückschrickt, könnten im hauswirtschaftlichen Großbetriebe in weitestem Maße zur Volksernährung herangezogen werden.

Diese durch eine vernünftige Auswahl der Nahrungsmittel herbeigeführte Reduktion der Kosten ist aber nicht der einzige Weg, an den Lebensmitteln Ersparnisse zu erzielen. Vieles, was im Kleinhaushalte als Abfall der Vernichtung anheimfällt, einer weiteren Verwendung aber wohl fähig ist, wird im Großhaushalte dieser Verwertung zugeführt. Ganze Industrien verdanken bekanntlich dieser Nutzbarmachung von Abfallstoffen ihre Entstehung. Sie haben während des Krieges eine Riesenausdehnung erfahren und gewaltige wirtschaftliche Triumphe gefeiert. Stoffe also, die im Kleinhaushalte als wertlos ausgeschieden werden, können im Großhaushalte den Abfallindustrien zugewiesen und zu Geld gemacht werden.

Auf diesem dreifachen Wege rationeller Auswahl der Nahrungsmittel, sparsameren Verbrauchs und weitgehender Nutzbarmachung der Abfallstoffe wird ohne jede Erhöhung der einheimischen Produktion und ohne Vermehrung der Nahrungsmitteleinfuhr eine nicht unerhebliche indirekte Erweiterung des Nahrungsmittelspielraums herbeigeführt, deren Bedeutung für die Volkswirtschaft kaum hoch genug veranschlagt werden kann.

Ist die erhebliche Reduktion der Kosten der Hauptgrund, der zur zentralisierten Hauswirtschaft hindrängt, so ist es bei weitem nicht der einzige. Die Ersparnis an Zeit spielt ebenfalls eine nicht unwesentliche Rolle. Fast restlos könnte zunächst die Zeit erspart werden, die sich unter den jetzigen Verhältnissen zum Einholen der Nahrungsmittel nötig macht. In der Kollektivhauswirtschaft erfolgt die Bestellung der Waren entweder schriftlich oder telephonisch, und die Herbeischaffung derselben geschieht durch die Angestellten der Firma oder öffentliche Verkehrsmittel. Und was die Zeit angeht, die zum Kochen der Mahlzeiten und zu Reinigungsarbeiten verwendet wird, so würde sie sich auf ein Minimum reduzieren lassen, da nach Ueberweisung der Zubereitung der Hauptmahlzeiten und der groben Reinigungsarbeiten an die Zentrale nur das geringen Zeitaufwand beanspruchende Kochen der kleinen Mahlzeiten und die Verrichtung von leichten Hausarbeiten den an die Zentrale angeschlossenen Personen überlassen bleibt.

Und endlich ergibt sich aus dem Vorhergesagten eine dritte Ersparnis fast von selbst: Eine Reduktion des Kraftaufwandes. Drastisch gesprochen: Wo in zahlreichen Kleinhaushalten sagen wir fünfzig Personen die Suppe rührten, — es können aber auch hundert, ja tausend sein — tun dies in der Zentralküche eine einzige oder eine geringe Anzahl von Personen, nur mit dem Unterschiede, daß hier Topf und Rührlöffel andere Dimensionen zeigen als im zwerghaften Kleinhaushalte. Kommt dann noch eine weitgehende Verwendung technischer Hilfen hinzu, so daß die meisten Küchen- und Reinigungsarbeiten maschinenmäßig betrieben werden, eine Aenderung der Betriebsart, zu welcher der mit reicherem Anlagekapital wirtschaftende Kollektiv-Haushalt viel leichter imstande ist, so steigt die Kraftersparnis ins ungeheure.

Es fragt sich nun: Tritt eine Ersparnis an Kraft auch dort ein, wo sich der Grundsatz zentralisierten Betriebs, Menschenkraft möglichst durch Maschinenkraft zu ersetzen, infolge besonderer Umstände nicht durchführen läßt? Hier ist daran zu erinnern, daß im hauswirtschaftlichen Großbetriebe derartige mit der Hand zu erledigende Arbeiten nur von geschulten Personen verrichtet werden, denen sie außerdem nach dem Prinzipe möglichst weitgehender Arbeitsteilung zugewiesen werden. Unter diesen Umständen unterliegt es kaum einem Zweifel, daß auch diese Arbeiten im Großhaushalte schneller und mit geringerem Kraftaufwande vonstatten gehen als im Kleinhaushalte, wo die verschiedensten Arbeiten, deren ewiger Wechsel schon Kraftvergeudung bedeutet, ein und derselben Person obliegen.

Kann es nach dieser vergleichenden Betrachtung beiden Haushaltskategorien noch irgendwie zweifelhaft sein, welcher der hauswirtschaftlichen Betriebe den Forderungen ökonomischer Bewirtschaftung besser gerecht wird: Der zentralisierte, spezialisierte und technisch vervollkommnete Großhaushalt mit seiner Riesenersparnis an Kosten, Zeit und Kraft oder der noch tief in den ökonomischen Kinderschuhen steckende, Geld, Zeit und Kraft vergeudende, individualistisch-empirische hauswirtschaftliche Zwergbetrieb.

VII.

Die gegen die Zentralisierung der Hauswirtschaft vorgebrachten Einwände.

Wenn Gegner zentralisierter Hauswirtschaft, nicht blind genug, um die ökonomischen Vorteile hauswirtschaftlichen Kollektivbetriebs zu verkennen, trotzdem an ihrer Vorliebe für den Kleinhaushalt festhalten, so tun sie das gewöhnlich mit dem Hinweis auf den vermeintlichen familienfeindlichen Charakter der Hauswirtschaftsgemeinschaften. Mag dieser Einwand manchem berechtigt erscheinen, in Wirklichkeit ist er überaus hinfällig, da er im Grunde nur auf einem leider weit verbreiteten Mißverständnisse beruht. Seine Erklärung findet dieser Irrtum jedenfalls darin, daß die Hauptvertreter des Gedankens, Owen und Fourier, diese Idee mit der vollständigen Vergesellschaftung und Abschaffung des Familienlebens verquickten und so den rein ökonomischen Charakter hauswirtschaftlicher Reform sehr zum Schaden derselben verwischten. Der großen Masse erscheinen so wie so diese beiden durch jahrtausendelange Erfahrung miteinander verbundenen Gedankenkreise als nahezu identisch, obgleich diese Verbindung eine rein äußerliche ist und weit mehr in einem zufälligen Zusammentreffen verschiedener kulturgeschichtlicher Faktoren als in innerer Verkettung begründet ist. Jedenfalls hat diese enge Verknüpfung beider Gedankenkreise, so sehr sie für eine gewisse Stufe menschlicher Kultur ihre Berechtigung hatte, für ein gesteigertes und vertieftes Familienleben ihre Bedeutung verloren.

Als Symbol der Familiengemeinschaft ist von jeher das gemeinsame Mahl der Familienglieder angesehen worden, und da man sich leider gewöhnt hat, hauswirtschaftliche Reformbestrebungen mit Massenspeisung zu identifizieren, so ist es kein Wunder, daß die zahlreichen Gegner der Massenabfütterung das Lager der Feinde kollektivistischer Hauswirtschaft verstärken helfen. Demgegenüber kann nicht genug betont werden, daß hauswirtschaftlicher Großbetrieb nicht notwendigerweise Massenspeisung bedeutet. Dieses familienauflösende und oft allen Gesetzen der Aesthetik hohnsprechende System herdenmäßiger Abfütterung wird im Gegenteil von der Mehrzahl der Verfechter hauswirtschaftlicher Reform aufs entschiedenste zurückgewiesen. Nicht Massenabfütterung, sondern nur Massenzubereitung der Speisen, nicht Auflösung der Familie, sondern nur Befreiung des Familienlebens von der oft so überaus unangenehmen Belastung durch Hauswirtschaft. Es hieße unserm Familienleben ein großes Armutszeugnis ausstellen, wollte man es mit der Hauswirtschaft identifizieren. Bedeutet das nicht, an unsere Zustände denselben Maßstab anlegen, mit dem wir die Lebensverhältnisse barbarischer Völker zu messen pflegen. Es liegt doch wohl noch ein höherer sozialer, charakterbildender Wert in ihm. Oder sollten die Bekämpfer kollektivistischer Hauswirtschaft in ihrer Gegnerschaft vielleicht von dem dunklen Bewußtsein geleitet werden, daß diese Seite des Familienlebens, die ihm einzig und allein Wert und Berechtigung gibt, doch heutigentags auf nicht allzu festen Füßen ruht und nur der hauswirtschaftliche Zusatz dem Ganzen einigen Halt verleiht? Nun, wie dem auch sei. Ist dieser ethische Grundzug unseres Familienlebens noch in voller Stärke vorhanden, so ist schwer einzusehen, inwiefern durch die Ueberweisung des rein materiellen Teils des Familienlebens an eine Hauswirtschaftszentrale dieses irgendwelche Beeinträchtigung erfahren müsse. Im Gegenteil. Der ethische Grundzug des Familienlebens dürfte durch diese Entlastung der Familie von allem häuslichen Kleinkram in umso größerer Reinheit hervortreten. Ja, fassen wir den Begriff Familie in seiner edelsten Bedeutung als einer Vereinigung teils geschlechtlich verbundener, teils blutsverwandter Menschen zum Zwecke ihres Aufstiegs zu einer höheren geistigen und ethischen Entwicklungsstufe, so ist im Großhaushalte mit seinen durch Geld-, Zeit- und Kraftgewinn erhöhten Bildungsmöglichkeiten eine sichere Stärkung und Vertiefung des Familienlebens zu erwarten.

Dabei ist jedoch nicht zu vergessen, daß diese voraussichtliche Bereicherung des Familienlebens keine durch die Reform besonders beabsichtigte ist. Dem Volkswirt als solchen ist sie nur eine mehr zufällige soziale Begleiterscheinung hauswirtschaftlicher Zentralisation, eine Erscheinung, die er jedoch freudig begrüßt, da sie imstande sein dürfte, der Reform auch in solchen Kreisen Freunde und Förderer zu gewinnen, für die der rein ökonomische Standpunkt nicht ausschlaggebend ist.

Beruht somit die Behauptung des vermeintlichen familienfeindlichen Charakters hauswirtschaftlichen Großbetriebes auf einer ungenügenden Kenntnis der Reformbestrebung, so können wir den Familiengläubigen noch einen Schritt weiter entgegengehen und die Forderung aufstellen: Dem im Familienleben zutage tretenden Bedürfnis des größten Teils gegenwärtiger Menschheit, die beiden Extreme des völlig isolierten Einzeldaseins einerseits, — ein Dasein, bei dem sich übrigens manche überaus wohl fühlen — des gänzlichen Aufgehens in der Masse andererseits gleicherweise zu vermeiden, muß im hauswirtschaftlichen Großbetriebe auf jede Weise Rechnung getragen werden. Eine hauswirtschaftliche Reform, die in den alten Fehler so vieler Förderer des Gedankens verfiele, psychologischen Erwägungen sich zu verschließen, und die das Bestreben zeigte, die so vielgestaltige menschliche Natur in eine der heutigen Menschheit wenig angepaßte Einheitszwangsjacke stecken zu wollen, wäre u. E. eine völlig verfehlte Sache, der ein sicheres Fiasko vorausgesagt werden könnte. Wenn nicht alle Zeichen trügen, steuert die Menschheit auf der Bahn des Sozialismus allmählich dem Kommunismus zu, aber sie unter den gegenwärtigen Verhältnissen in den kommunistischen Rahmen pressen wollen, das hieße die menschliche Entwicklung vergewaltigen, die Menschheit auf ein Prokrustesbett spannen.

Beide Strömungen, sozialistische und individualistische, sind nun einmal gleicherweise im Menschen der Gegenwart wirksam. Beide erheben abwechselnd ihre Stimme und suchen sich Gehör zu verschaffen, und keiner Vergewaltigungsmethode irgendwelcher Art wird es auf die Dauer gelingen, der einen oder anderen den Mund zu verschließen. Sollte, wie es den Anschein hat, die nächste Zukunft noch ein weiteres Anschwellen sozialistischer Weltströmung bringen, so wäre es möglich, daß die individualistischen Dämme unter dem gewaltigen Anprall dieser Flut vollends zerreißen und eine sozialistische Riesenwoge sich über die Erde ergösse, fähig, auch die stärksten Bollwerke des Individualismus in ihren Grundfesten zu erschüttern. Sehr wahrscheinlich wird der Mensch, der dann geboren werden wird, vom heutigen Erdbewohner in manchem abweichen. Um diesen Zukunftsmenschen handelt es sich jedoch hier nicht. Und im Menschen der Gegenwart sind nun einmal noch beide Strömungen vorhanden, bei dem einen diese, bei dem andern jene in verstärktem Maße. Ja, viele gibt es, die pendeln ihr Leben lang zwischen individualistischen Gefühlsergüssen und sozialistischen Verstandeserwägungen hin und her. Kommen wir dieser Eigenart des Gegenwartsmenschen, der in seinem Individualismus das Erbteil seiner Vorfahren, in seinem Sozialismus die Eierschalen des Zukunftsmenschen an sich trägt, entgegen. Schaffen wir in unsern Hauswirtschaftsgemeinschaften Heimstätten, wo der nach Isolation hungernde extreme Individualist Abschließung, der für Familienfreuden Begeisterte ein von allem lästigen Beiwerk befreites Familienleben und endlich der mit großen Schritten sozialistischen und kommunistischen Zukunftsmöglichkeiten entgegeneilende Gesellschafter das gemeinsame Mahl und den Umgang Gleichgesinnter findet. Also, nicht Zuschnitt auf eine besondere Menschenklasse, auf diese oder jene Menschensorte, sondern Anpassungsmöglichkeiten an die verschiedensten materiellen, geistigen und ethischen Bedürfnisse, und dies alles, ohne jemals den Brenn- und Kardinalpunkt des Ganzen, die ökonomische Seite, aus den Augen zu verlieren. Wahrlich eine Aufgabe, wohl wert, zu ihrer Lösung die besten Kräfte der Menschheit in gemeinsamem Streben zu vereinen.

Als weiteren Einwand gegen hauswirtschaftlichen Großbetrieb führt man die Unmöglichkeit, individuellen Geschmacksrichtungen im Kollektivhaushalt Rechnung tragen zu können, ins Feld. Auch dieser Einwand ist zum großen Teile hinfällig. Schon aus dem Vorhergesagten geht hervor, daß eine Organisation aller Oekonomiate nach einer Schablone durchaus nicht beabsichtigt ist. Es sind sehr wohl verschiedene Systeme möglich, geeignet, sich den verschiedensten Geschmacksrichtungen und mannigfachsten finanziellen Verhältnissen anzupassen. Ja, sollte, wie es den Anschein hat, der am Horizonte der Menschheit gleich einer leuchtenden Fata morgana verheißungsvoll auftauchende Gedanke eines Völkerbundes, dieser bisher größten Einheitsbestrebung im Leben der Völker, alle, die ihn heute noch als Trugbild belächeln, Lügen strafen und Wirklichkeit werden, sollten die hemmenden Völkerschranken nach Friedensschluß mehr und mehr fallen, nichts leichter, als auch dem Geschmacke der einzelnen Völker im Uebergangsstadium, solange die Völkerbahnen noch getrennt nebeneinander herlaufen, durch Gründung von Oekonomiaten mit deutscher, französischer, englischer Küche entgegenzukommen und so zugleich auch jedem einzelnen zwischen der hochgradig substanziellen Ernährung der Engländer, der mehr auf Gaumenkitzel berechneten Küche der Franzosen und der zwischen beiden ungefähr die Mitte haltenden deutschen Kost die Wahl zu lassen.

Und als Ziel gastronomischer Einheitsbestrebungen würde die Verknüpfung der Vorzüge dieser drei Ernährungsarten im Gesichtskreis der Menschheit erscheinen. Das ist aber keinesfalls so zu verstehen, als wollten wir damit einer Schablonisierung des Geschmacks, wie sie der Krieg bis zu gewissem Grade angebahnt hat, das Wort reden. Vom wirtschaftlichen Standpunkt aus wäre eine derartige Geschmacksvereinfachung keineswegs wünschenswert. Je verschiedener die Ansprüche der einzelnen Bevölkerungskreise sind, desto reicher wird sich das volkswirtschaftliche Leben gestalten.

Weiter wird behauptet, daß die Schwierigkeit, Mißstände abzuschaffen, im hauswirtschaftlichen Großbetriebe weit größer sei als im Kleinhaushalte. Nun, uns scheint, eher das Gegenteil dürfte der Fall sein. Während im Kleinhaushalte Mißstände oft jahrelang weiterwuchern aus dem einfachen Grunde, weil den beteiligten Personen der Blick dafür fehlt, haben die Uebelstände des Großbetriebs noch die günstige Eigenschaft, infolge der scharfen Beurteilung, der der Kollektivbetrieb in seinen Einzelheiten vonseiten aller interessierten Personen ausgesetzt ist, leichter die Aufmerksamkeit auf sich zu lenken und so eher das Verlangen nach Abstellung derselben laut werden zu lassen. Gewiß kein positiver Gewinn, aber doch eine bessere Perspektive als die Aussicht, hauswirtschaftliche Mißstände durch den Mantel der Unwissenheit und Kurzsichtigkeit dauernd den Blicken entzogen zu wissen, während sie im Stillen kräftig weiterwuchern.

Und endlich weisen ganz besonders Vorsichtige auf die Kosten des Betriebspersonals hin und glauben mit diesem Einwande einen ganz hervorragend starken Beweis ihrer ökonomischen Denkweise geliefert zu haben. Nun, es bedarf wohl keiner besonders hohen Rechenkunst, um zu erkennen, daß sich das Oekonomiatspersonal durch den Großbetrieb selbst bezahlt macht, eben durch jene dreifache Ersparnis beim Einkaufe, an Heizmaterial und Nahrungsmitteln. Je nach Größe und Organisation der Oekonomiate wird sogar in vielen Fällen nach Abzug der Kosten für das Betriebspersonal und anderer durch den Großbetrieb verursachter Auslagen noch ein finanzieller Ueberschuß zu verzeichnen sein. Auf Heller und Pfennig läßt sich das natürlich nicht nachrechnen. Ein annähernder allgemeiner Ueberschlag ist alles, was der Berechnung zugrunde gelegt werden kann. Doch nehmen wir den ungünstigsten Fall, daß die Kosten für das Personal und andere Auslagen und die durch rationellen Wirtschaftsbetrieb erzielte finanzielle Ersparnis sich nur eben decken, so ist die weitere Ersparnis an Zeit und Kraft als reines Geschenk anzusehen, das die Oekonomiats-Verwaltung den Mitgliedern desselben nebst anderen Annehmlichkeiten in den Schoß wirft. Voraussetzung dabei ist natürlich, daß die Verwaltung auf Bereicherung nicht ausgeht, sondern sich an einer angemessenen Verzinsung der angelegten Kapitalien genügen läßt.

Alles in allem erscheinen die gegen den hauswirtschaftlichen Großbetrieb bisher vorgebrachten Einwände in der Hauptsache als unberechtigt. Sollten die Gegner kollektivistischer Hauswirtschaft nicht etwa noch andere besser begründete Bedenken erheben, so ist schwer einzusehen, warum man nicht den Versuch machen sollte, einen Gedanken, der vom wirtschaftlich-sozialen Standpunkte aus so viel für sich und so wenig ernste Bedenken gegen sich hat, in die Tat umzusetzen.

Nach alledem drängt sich die Frage auf: Ist die Menschheit in Anbetracht der großen ökonomischen Vorteile zentralisierter Hauswirtschaft nicht schon längst auf diesen Gedanken gekommen? Und wenn ja: Was hat sie bisher zu seiner Verwirklichung getan?

VIII.

Geschichtliches.[7])

Der Gedanke hauswirtschaftlichen Großbetriebs ist nicht neu. Vom Altertum bis zur Gegenwart sind ihm zahlreiche Verfechter erstanden. Sowohl bei kultivierten als unkultivierten Völkern hat er Eingang und Verwirklichung gefunden, bei den einen eine sozusagen instinktive, bei den andern eine mehr bewußte, rationelle. Waren es im Altertum besonders die Griechen mit Plato an der Spitze, die dem hauswirtschaftlichen Kollektivbetrieb das Wort redeten, so hat die Idee in neuerer Zeit namentlich bei Vertretern des britischen Inselvolks lebhaften Anklang gefunden.

Einen vollständigen historischen Abriß der Entwicklung des Gedankens zu geben, liegt jedoch nicht in unserer Absicht. Zunächst möchten wir von einem näheren Eingehen auf die hauswirtschaftlichen Zentralisationsbestrebungen des Altertums, besonders Spartas, absehen, da sowohl Ausgangspunkt als Ziel derselben mit unserem modernen Wirtschaftsleben wenig gemeinsam haben und in allem deutlich erkennbar den Stempel des Altertums an sich tragen. Auch die bei unkultivierten Völkern der Vergangenheit und Gegenwart zutage tretenden Erscheinungen kollektivistischer Hauswirtschaft möchten wir bei dieser Betrachtung ausschalten. In den meisten Fällen tragen sie einen in patriarchalischen Verhältnissen begründeten Großfamilien-Charakter, der ebenfalls mit unserem gegenwärtigen Wirtschaftsleben wenig zu tun hat, handelt es sich doch hier in der Hauptsache um Ueberreste vergangener Wirtschaftsepochen, die einem sicheren Untergange entgegengehen. Alle diese Fälle aus vorindustrieller Zeit sind Merksteine entschwundener Wirtschaftsphasen, Wegweiser ins Wirtschaftsland der Zukunft können sie der Menschheit nicht sein.

Anders verhält es sich mit den großen englischen Vorläufern des Gedankens: Sir Thomas More,[8]) Francis Bacon und John Bellers. Vorahnenden Geistes wiesen sie der forschenden und wirtschaftenden Menschheit neue Pfade. Sie eröffneten den Blick in ferne auch heute noch nicht in greifbare Nähe gerückte Zukunft. Besonders Bellers, den Marx nicht mit Unrecht als „ein wahres Phänomen in der Geschichte der politischen Oekonomie" bezeichnet,[9]) macht in seiner 1696 in London erschienenen Schrift[10]) in gedrängter Kürze seinen Zeitgenossen überaus wertvolle hauswirtschaftliche Reformvorschläge, die, da sie der Menschheitsentwicklung weit vorauseilten, fast ungehört verhallten. Er schlägt darin die Gründung von Produktions- und Konsumtionsgenossenschaften vor, die er „Colledges" nennt.[11]) Wie sehr ihm die ökonomische Seite der Frage am Herzen lag, geht daraus hervor, daß er als besondere Vorteile seiner „Colledge"-Gründung die folgenden hervorhebt: Beseitigung von Händlern und ihren Angestellten, von unnützen Gewerben, Prozessen, Schulden, teuren Einkäufen, von Zeitvergeudung infolge Arbeitslosigkeit, von viel Frauen- und Kinderarbeit, Unterdrückung des Bettlertums, Ersparnisse an Wohnraum, Heizmaterial, beim Kochen, Backen, Brauen, Einholen von Vorräten[12]) etc., gewiß eine Liste, die dem ökonomischen Scharfblicke Bellers' alle Ehre macht.

Die Anregungen Bellers' fielen, wie schon gesagt, auf unfruchtbaren Boden. Die Menschheit sollte erst nach dem gewaltigen industriellen Aufschwung Ende des achtzehnten und Anfang des neunzehnten Jahrhunderts alle Tiefen wirtschaftlichen Elends durchmessen, ehe sie fähig war, hauswirtschaftlichen Reformvorschlägen einiges Verständnis entgegenzubringen. Frauen, Mütter und Kinder mußten vor den Triumphwagen der jungen Industrie, dessen Räder erbarmungslos ganze Generationen zermalmten, gespannt werden, das häusliche Elend der Lohnarbeiter sollte erst in seiner trostlosen Nacktheit zum Himmel schreien, ehe der Menschheit der Führer aus wirtschaftlichen Nöten erstand, dem sie zu folgen gewillt war.

Wie vorauszusehen war, war dieser neue Rufer abermals ein Sohn Englands, des Landes, dessen Boden zur Aufnahme der neuen Gedankensaat am besten vorbereitet war, da hier, abgesehen von geistigen Wegspuren, die industrielle Entwicklung am frühesten und entschiedensten eingesetzt hatte und infolgedessen bald darauf die sozial-wirtschaftlichen Zustände der Lohnarbeiter an Trostlosigkeit nichts zu wünschen übrig ließen. Dieser Wegweiser und Bahnbrecher, dieser kommende Menschheitsentwicklung antizipierende Geist war Robert Owen, ein Mann, der als Leiter eines großen industriellen Unternehmens die nach Abhilfe schreienden wirtschaftlichen Zustände des englischen Proletariats von Grund aus kannte, mit großem Scharfblick ihre Ursachen ergründet hatte und entschlossen war, das Uebel an der Wurzel anzufassen, Owen, jener glühende Apostel sozialer Reform, den auf der Höhe seines Lebens und Schaffens die Großen seines Landes unterstützten und die Fürsten der Welt und des Geistes empfingen. Wenn trotzdem das Verdienst Owens, den Gedanken hauswirtschaftlichen Großbetriebs in seiner hohen wirtschaftlichen Bedeutung scharf erfaßt und geprägt zu haben, nur selten anerkannt wird, so erklärt sich dieser Umstand aus der Tatsache, daß die Idee bei Owen mancherlei Verquickung mit anderen Gedankengängen erfahren hat, mit sozialen und ethischen Momenten, unter denen der ökonomische Kern seiner Anschauungen zuweilen fast verschwindet. Nur so ist es zu erklären, daß andere, die nach ihm dieser Frage näher getreten sind, z. B. Reynolds,[13]) das hohe Verdienst Owens auf diesem Gebiete ganz beiseite lassen, wenn sie auch nicht alle wie Reynolds so weit gehen, sich in aller Unschuld die Vaterschaft des Gedankens selbst zuzuschreiben.

Schon 1813 in seinem unter dem Titel „A new View of Society" erschienenen Essays, die er durchschossen und in vorzüglicher Ausstattung den Regierungen Europas und Amerikas, Universitäten und hervorragenden Persönlichkeiten — auch Napoleon wurde mit einem Exemplar bedacht — zur Begutachtung und Geltendmachung ihrer Bedenken und Einwände zur Verfügung stellte,[14]) hatte Owen den hauswirtschaftlichen Reformgedanken mit großer Schärfe ausgesprochen. Verwirklicht hatte er ihn jedoch teilweise vor dieser Zeit, und zwar seit dem Anfange des neunzehnten Jahrhunderts in der ihm anfangs als Direktor unterstellten Baumwollspinnerei zu New Lanark in Schottland, einem Unternehmen, das später in seinen alleinigen Besitz überging, sehr zum Vorteile seiner Reformbestrebungen, da er nun freiere Hand bekam. Bisher hatten seine Pläne durch den Widerspruch der anderen an dem Unternehmen beteiligten Personen, deren Hauptbestreben dahin ging „to make money" und die sich nicht wenig über seine „visionary and wild schemes"[15]) lustig machten, eine starke Hemmung erfahren.

Es ist Owen hoch anzurechnen, daß er nicht wie so viele andere Sozialreformer die Veröffentlichung seiner Gedanken der Verwirklichung derselben vorausschickte, sondern erst mit seinen Ideen an die breite Oeffentlichkeit trat, nachdem er die Möglichkeit der Durchführung seiner Pläne schon zum Teil praktisch erprobt und den zahlreichen Besuchern seiner Einrichtungen den Beweis geliefert hatte, daß es sich hier nicht um utopistische Träumereien, sondern um nicht wegzuleugnende Realitäten handelte.[16])

Als Owen die Leitung von New Lanark übernahm, sah er sich einer völlig verwahrlosten Arbeiterbevölkerung gegenüber, da sich infolge der bei der schottischen Landbevölkerung herrschenden Abneigung gegen die Beschäftigung in den Baumwollfabriken nur die schlechtesten Elemente dazu hergaben. Diebstähle waren an der Tagesordnung und bisher auf keine Weise zu unterdrücken gewesen.[17]) Ein großer Teil der in den Fabriken beschäftigten Personen, für die Owen nicht mit Unrecht die Bezeichnung „weiße Sklaven"[18]) in Anwendung brachte, bestand überdies aus Kindern, die den Waisen- und Armenhäusern Edinburgs entnommen waren und die nun unter dem Drucke von 12—14stündiger Arbeit — in anderen Fabriken stieg die Zahl der täglichen Arbeitsstunden sogar auf 16 — körperlich und geistig verkümmerten.[19]) Obgleich Owen zu wiederholten Malen betont, daß der frühere Besitzer, sein Schwiegervater, alles getan habe, was unter den gegebenen Verhältnissen möglich war, um das Los dieser bedauernswerten Kinder, unter denen sich sogar fünf und sechsjährige befanden, erträglich zu gestalten, daß sowohl ihre Unterbringung als ihre Verpflegung eine verhältnismäßig gute gewesen sei, so ging er doch sofort bei Uebernahme der Leitung an eine durchgreifende Umgestaltung der wirtschaftlich-sozialen Verhältnisse der Arbeiterschaft von New Lanark.

Durchdrungen von der Erkenntnis, daß der Mensch gleich den übrigen Lebewesen in der Hauptsache das Produkt seiner Umgebung ist,[20]) sah er seine Hauptaufgabe darin, seine Arbeiter den ungünstig auf sie einwirkenden Lebensverhältnissen zu entreißen, um sie unter dem Einflusse besserer Lebensumstände zu neuen Menschen zu machen. Es galt also vor allem, die Bewohner von New Lanark physisch zu heben. Das suchte Owen außer durch eine radikale Verbesserung der Wohnverhältnisse dadurch zu erreichen, daß er dem auch in New Lanark weit verbreiteten Borgsystem, das er als eine der stärksten Wurzeln des wirtschaftlichen Elends seiner Arbeiterschaft erkannt hatte, ein Ende bereitete. Dieses Kapitalübel beseitigte er durch den Großeinkauf von Nahrungsmitteln, Brennmaterial und Kleidungsstücken, die er zu Selbstkostenpreisen an die Arbeiter abgab, wodurch er diesen nicht nur bedeutend bessere Qualitäten, sondern auch um 25 Prozent billigere Waren verschaffte.[21])

Allmählich, nachdem die Arbeiter die gute Wirkung seiner wirtschaftlichen Reformbestrebungen erkannt hatten, schwand denn auch das Mißtrauen, das sie ihm als Engländer und Arbeitgeber anfangs entgegengebracht hatten, so daß die Durchführung seiner übrigen Reformen bei ihnen auf verhältnismäßig geringen Widerstand stieß. Von anderer Seite dagegen, von Fabrikanten, Behörden und der Geistlichkeit, war die Gegnerschaft umso heftiger. Sie genügte jedoch nicht, um Owen von der einmal eingeschlagenen Bahn abzubringen. Der nächste große Schritt, die Verkürzung der täglichen Arbeitszeit auf $10^1/_2$ Stunde,[22]) brachte ihm nicht nur die dankbare Anerkennung seiner Arbeiter,[23]) sondern auch die nicht weniger erfreuliche Erfahrung, daß sein Gewinn durch diese tiefgreifende Neuerung keine Einbuße erlitten hatte,[24]) da die Intensität der Arbeit erheblich gestiegen war.

In welch großzügiger Weise sich Owen die Interessen seiner Arbeiterschaft angelegen sein ließ, beweist eine Tatsache, die wohl fast einzig in der Wirtschaftsgeschichte dastehen dürfte. Während einer Baumwollkrise, da die mit Baumwolle beladenen und zur Abfahrt nach Schottland bereiten Schiffe in amerikanischen Häfen vier Monate zurückgehalten wurden, ließ Owen seinen Arbeitern für Rein- und Instandhaltung der Maschinen während dieser Zeit den vollen Arbeitslohn weiterzahlen.[25]) Unverschuldeter Arbeitslosigkeit gegenüber vertrat Owen schon damals, seiner Zeit damit weit vorauseilend, den Gedanken, daß es Pflicht des Staates sei, in Zeiten wirtschaftlicher Krisen für Beschäftigung der Arbeitslosen zu sorgen.[26]) Mit großer Schärfe wandte er sich gegen die englischen Armengesetze, die nur eine Ermutigung zu Faulheit, Unwissenheit und Unmäßigkeit seien,[27]) wie er es denn zuweilen an einer überaus scharfen Kritik Englands nicht fehlen läßt.[28])

Besondere Sorge wandte er auch den alten erwerbsunfähigen Arbeitern zu. Durch regelmäßige monatliche Zahlungen wollte er ihnen für die Zeit der Arbeitsunfähigkeit den Besitz eines Häuschens und eine sie vor Not schützende Altersrente sichern.[29])

Suchte er so die Lage der erwachsenen Arbeiter zu heben, so war das Interesse, welches er der heranwachsenden Generation zuwandte, ein fast noch regeres. In der Erkenntnis, daß ein großer Prozentsatz der Eltern — nach Owens Schätzung 99 Prozent! — unfähig sind, Kinder, und ganz besonders die eigenen, zu erziehen,[30]) daß also der Einfluß einer bessern erzieherischen Umgebung so früh als möglich einzusetzen habe,[31]) schuf er seine „Infant School"[32]) und legte damit den Grund zu den einem dringenden Bedürfnisse der arbeitenden Menschheit entgegenkommenden Kinderbewahranstalten. Ueberhaupt galt der Erziehung der heranwachsenden Generation von New Lanark eine seiner Hauptsorgen.

Durch all dies, und ganz besonders durch die von ihm erreichte gesetzliche Beschränkung der Kinderarbeit, Erhöhung des gesetzlich zulässigen Alters auf zehn Jahre — Owen war übrigens der Meinung, daß auch das noch zu früh sei und man erst die zwölfjährigen zur Fabrikarbeit heranziehen solle[33]) — hat er sich um das englische Proletariat Verdienste erworben wie kein anderer, weder vor noch nach ihm.

Besonders charakteristisch für Owen ist übrigens der Umstand, daß er bei all dem sein persönliches Interesse nicht aus den Augen verlor und zu verschiedenen Malen betont, daß die Sorge für seine Arbeiterschaft sich durchaus bezahlt mache und er bei seiner Methode auch finanziell ausgezeichnet auf seine Kosten komme.[34]) Mögen ihm andere einen Vorwurf daraus machen und über kapitalistische Ausbeutung zetern, unsere Meinung ist, daß eine Förderung der gesellschaftlichen zugleich mit den individuellen Interessen alles war, was man unter den damaligen Verhältnissen billigerweise verlangen konnte. Wie sehr dagegen Owen gegen eine einseitige individualistische Interessenwirtschaft war, das hat er durch Wort[35]) und Tat oft genug bewiesen.

Diese kurze Charakteristik Owens und seines erfolgreichen Wirkens zum Wohle der arbeitenden Menschheit erschien uns notwendig, um ein besseres Verständnis seiner weiteren ins Land der Zukunft weisenden Reformgedanken anzubahnen, um den Leser davor zu bewahren, seine Pläne genossenschaftlicher Produktion und

Konsumtion mit einer Handbewegung abzutun. Ein Mann, der getan hat, was Owen für die Menschheit leistete, verdient vor allem eins: Hochachtung und ein offenes Ohr sogar bei denen, die noch zu tief in den Traditionen der Menschheit verstrickt sind, um seine Ansichten teilen zu können.

Die greifbaren Erfolge von New Lanark schufen Owen immer neue begeisterte Anhänger. Deputationen kamen und gingen, waren des Lobes voll[36]) und trugen die Kunde von dem in New Lanark Erreichten in immer weitere Kreise. Ja, so groß war die Bewunderung für den kühnen Neuerer, daß eine Anzahl seiner Anhänger, die sich aus den ersten Kreisen der englischen Gesellschaft rekrutierten, beschlossen, eine Petition an das Parlament zu richten, in der diesem der Vorschlag gemacht wurde, auf Staatskosten den Versuch zu machen, Owens System im großen durchzuführen.[37]) Die Petition wurde zwar vom Unterhaus abgelehnt, aber eine private Vereinigung machte einen Anlauf zur Verwirklichung der Owenschen Reformpläne. Da es sich jedoch um sehr große Summen handelte, zerschlug sich die Sache.

Da bot sich Owen 1824 Gelegenheit, durch Ankauf der Rappschen Siedlung in Economy am Ohio den Wert seines ganzen Systems, von dem, wie er selbst sagte, die Einrichtungen von New Lanark nur die ersten Umrisse bedeuteten, praktisch zu erproben.[38]) Für 150 000 Dollar brachte er die Siedlung an sich.[39]) Leute, die sich beteiligen und das Experiment wagen wollten, waren bald gefunden. Das Ganze wurde nach Owenschen Ideen organisiert und — stellte sich schon nach wenig Jahren als völliger Mißerfolg heraus.[40]) Angesichts dieses schreienden Gegensatzes zwischen dem Erfolge von New Lanark und dem Fiasko von Economy fragt man sich: Wie war es möglich, daß das, was in New Lanark so glänzend gelungen war, hier in New Harmony so jämmerlich mißlang? Einen Grund des Mißerfolges gibt uns Owen selbst an. Er erklärt den Versuch als verfrüht. Die Sache könne nur gelingen mit Personen, die von vornherein für diesen Zweck erzogen worden seien.[41]) Derselben Ansicht ist einer seiner Anhänger, Combe, der sich auf diese Weise über einen ähnlichen Mißerfolg zu Orbiston in Schottland zu trösten suchte.[42])

Neben dieser Ursache spielten aber andere Gründe ohne Zweifel mit hinein. Die äußeren Umstände der Gründung konnten zur Erklärung des Mißerfolges kaum herangezogen werden. Sie waren die denkbar günstigsten, war doch eine andere Gemeinschaft unter gleichen Lebensbedingungen groß und blühend geworden. Während es sich aber bei den Anhängern Rapps um Menschen handelte, die schon in ihrer württembergischen Heimat viel Gemeinsames hatten und die eine religiöse fixe Idee noch näher aneinander gebracht hatte, strebten die Owenschen Gemeindeglieder, unter denen viele heterogene, unruhige Geister waren, notgedrungen auseinander. Und diese Unruhe, die vielleicht in einer heimatlichen Siedlung gemildert worden wäre, mußte hier in den ungewohnten Lebensverhältnissen Amerikas noch eine Steigerung erfahren.

Und was das Owensche System betrifft, so konnte es kaum als der adäquate Ausdruck der Anschauungen einer Mehrheit angesehen werden. Mit der wirtschaftlichen Basis der Owenschen „Home Colonies“, die, wie er immer wieder betont, teils industriellen, teils landwirtschaftlichen Charakter tragen sollten,[43]) konnten sich wohl die meisten einverstanden erklären, ebenso mit seinen Forderungen, die Gütererzeugung erheblich zu steigern und dabei Handarbeit so viel als möglich auszuschalten,[44]) die Produktion der Konsumtion anzupassen[45]) und eine bessere Verteilung der gewonnenen Reichtümer herbeizuführen.[46]) Auch seine Anschauungen über rationelle Kindererziehung, über Abschaffung des Handels,[47]) des Krieges[48]) fanden wohl den Beifall der Mehrheit.

Wie aber stand es um die übrigen Owenschen Prinzipien der Abschaffung des Eigentums,[49]) der Strafe,[50]) der Ehe und Familie,[51]) religiöser Kulte?[52]) Hier erhob der von Owen unterschätzte Erblichkeitsfaktor gebieterisch seine Stimme. Alles, was sich in Generationen und Generationen in der menschlichen Psyche angesammelt hat, läßt sich nun einmal nicht durch eine Handbewegung auslöschen. Der Farben und Teilchen im Seelenmosaik der Einzelnen sind zu viele, als daß sich ohne weiteres eine Anzahl herausbrechen ließe, um eine einheitliche Farbenharmonie auszulösen. Mit all seinen Forderungen rührte Owen an zu vielen tief in den Boden versenkten Wurzeln der Menschheit, und trotz seiner hohen Verdienste um das Wohl der schaffenden Mit- und Nachwelt war Owen nicht der große Menschheitsgärtner, geschickt und stark genug, diese Wurzeln herauszureißen, zu beschneiden und den Baum menschlicher Gesellschaft in neues, saft- und kraftreiches Erdreich zu verpflanzen. Ist die heutige Menschheit den meisten der Owenschen Prinzipien schon erheblich näher gerückt, vor hundert Jahren mußten seine Forderungen den schärfsten Widerspruch der Massen herausfordern. Hätte sich Owen mit der Ehre eines hervorragenden Wirtschaftsreformers begnügt, Mit- und Nachwelt hätten vielleicht seinen Namen als einen der größten gefeiert. Wie so vielen andern wurde ihm sein Streben nach dem zweifelhaften Ruhme der großen Weltverbesserer zum Verhängnis. Und als dann weitere Mißerfolge, wie der zu Queenswood, kamen, als Owen durch sein hartnäckiges Petitionieren den Fluch der Lächerlichkeit auf sich lud, schlug die anfängliche Begeisterung, die boshafte Gegner als „Owen-Orgie“ bezeichnet hatten, gar bald in das Gegenteil um. Wie man sich früher in huldigender Zustimmung zu überbieten gesucht hatte, so jetzt in Verspottungen und Schmähungen. Von nun an hatte die große Masse für ihn und seine Anhänger nur schärfste Ablehnung. Heute ist wohl sein Name bei den breiten Schichten der Menschheit so gut wie vergessen, wenn auch sein Andenken in sozialistischen Kreisen hoch gehalten wird.[53]) Was aber seine Ideen angeht, so war die Menschheit wieder einmal in den alten Irrtum verfallen, von den unbeholfenen ersten Schritten mächtiger Gedanken auf deren Kraftlosigkeit zu schließen, anstatt für diese ersten mißlungenen Gehversuche den zur Richtunggebung solcher Geisteskinder zu schwachen Vater verantwortlich zu machen.

Um nun den Beweis zu erbringen, daß Owen, abgesehen von den entfernteren Ahnen des Gedankens der Kollektivhauswirtschaft, als der eigentliche Vater der Idee bezeichnet werden kann, macht sich ein näheres Eingehen auf die Organisation seiner „Home Colonies" nötig.

Was die finanzielle Fundierung derselben betrifft, so sah Owen, der sich bewußt war, daß zur Verwirklichung seiner Pläne große Kapitalien gehörten,[55]) von einer Heranziehung individuellen Unternehmertums möglichst ab. Weit vorteilhafter erschien es ihm, das Unternehmen auf die breitere Basis des Kollektivkapitals von Aktiengesellschaften zu stellen, aus deren Besitze die Kolonie dann allmählich nach einem bei der Gründung zu vereinbarenden Amortisationsplan in den der Gemeinschaft übergehen sollte.[56]) Man sieht, eigentlich das vielgerühmte Dollfussche Eigentumserwerbsprinzip, nur, wie das bei Owen ja nicht gut anders sein konnte, auf kollektivistischer Grundlage. Außer Aktiengesellschaften hält er Gemeinden und Grafschaften zu derartigen Unternehmungen für überaus geeignet, und für die Mittel- und Arbeiterklassen sieht er hellseherisch genossenschaftliche Organisation mit Selbstverwaltung vor.[57]) Was endlich die Verwaltung seiner „Communities" angeht, so sollte sie durch zwei Räte geschehen, einen für die inneren, den andern für die äußeren Angelegenheiten.[58])

Inbezug auf die Anlage der Siedlungen spricht sich Owen mit Entschiedenheit gegen das Cottage-System aus, weil es nach seiner Meinung zu kostspielig sei,[59]) ein Einwand gegen das Kleinhaus-System, der unterdes längst hinfällig geworden ist. Was die übrigen von ihm gegen das Cottage-System vorgebrachten Einwände, besonders seine vermeintlichen Nachteile für die Kindererziehung, angeht, so stehen sie u. E. auf ziemlich schwachen Füßen. Gegen das von ihm vorgeschlagene große Häuser-Viereck im Kasernenstil erheben sich weit schwerwiegendere Bedenken, namentlich Belästigung der ganzen Kolonie durch die in unmittelbarer Nähe ausgeübten geräuschvollen Gewerbe. Owens Gegner haben natürlich nicht versäumt, ihm diese Bedenken mit Nachdruck entgegenzuhalten.

Ueber die Einrichtung der Gebäude, sowohl der gemeinsamen als der Privaträume, erhalten wir außer durch die bereits erwähnten Schriften durch eine kleinere Schrift Auskunft, die zwar nicht von Owen selbst geschrieben, aber ganz in seinem Geiste gehalten ist, was der Verfasser, Whitwell, übrigens schon in der Ueberschrift hervorhebt.[60]) Besonders stark wird in diesem wertvollen Schriftchen einer weitgehenden Verwendung mechanischer Hilfen im Großküchenbetriebe das Wort geredet.[61]) Hier sowohl als in den Owenschen Schriften sind an gemeinsamen Anlagen und Räumen vorgesehen: Zentralküche, Vorratskammern, Brauereien, Waschhäuser und Zentralbäder, Gasanlagen, Zentralheizung, Warmwasserversorgung, Speisesäle.[62]) Die meisten dieser Einrichtungen sollten im Untergeschoß untergebracht werden, während das Refektorium zum Zwecke leichterer Speisenbeförderung nahe der Zentralküche angelegt werden sollte.[63]) Der Zugang zum Untergeschoß sollte vom Zentral- und von den Eckgebäuden erfolgen, um jeden Verkehr zwischen Untergeschoßräumen und den Privaträumen auszuschalten.

Was die letzten angeht, so sieht Owen für jede erwachsene Person zwei Gemächer, Wohn- und Schlafzimmer, vor, die nach Belieben erwärmt, abgekühlt und ventiliert werden sollen.[64]) Als besten Schmuck der Privaträume bezeichnet Owen gute Raum- und Größenverhältnisse.[65]) In diesen Räumen solle die persönliche Freiheit so viel wie möglich gewahrt bleiben und nur durch die gleichen Rechte der anderen die nötige Beschränkung erfahren.[66]) Alles Forderungen, die auch heute noch vollste Berechtigung haben und mit denen sich auch der moderne Wirtschaftsreformer einverstanden erklären kann.

Was die gemeinsame Speiseneinnahme betrifft, so war trotz „dining-halls" der Grundsatz der Kollektivspeisung durchaus nicht starr durchgeführt. Der einfache Wunsch, allein zu speisen, genügte, um der Massenabfütterung in den dining-halls zu entgehen.[67]) Mit großer Schärfe wendet sich Owen gegen die herrschende irrationelle Ernährung.[68]) Nur Nahrungsmittel bester Qualität sollen unter Leitung geschulter Personen auf ökonomischste Weise schmackhaft zubereitet werden.[69])

Hauptzweck gemeinsamer Speisenzubereitung ist für Owen das Bestreben, der Vergeudung von Stoffen durch schlechte Verwendungsmethoden zu steuern und Zeit zu sparen.[70]) Als weiterer großer Vorteil hauswirtschaftlichen Großbetriebs erscheint ihm die ungeheure Ersparnis an Frauenkraft und ihr Freiwerden zu anderer Betätigung.[71]) Und als überaus erfreuliches Gesamtergebnis hauswirtschaftlichen Kollektivbetriebs erkennt er einen auf diese Weise mit viel geringeren Kosten erzielten höheren Lebenszuschnitt.[72])

Denkt Owen bei Gründung seiner Heimkolonien hauptsächlich an die mittleren und unteren Bevölkerungsklassen, so will er sie doch nicht auf diese Kreise beschränkt wissen. Außer den drei den eigentlichen Stock der Gemeinschaft bildenden Klassen unterscheidet er noch eine vierte, die der „independent families or individuals", die er innerhalb der Kolonie in „Family-Clubs" zu vereinigen gedenkt. Daß er für diese Familienklubs, die in loserer Verknüpfung mit der Gemeinschaft der Gütergemeinschaft nicht unterworfen sind, einen höheren Lebenszuschnitt vorsieht, geht aus seiner Beschreibung der Vorteile derselben hervor.[73])

Sein Entgegenkommen den besitzenden Klassen gegenüber geht einen Schritt weiter. Durchdrungen von der Ueberzeugung, daß unter den neuen gesellschaftlichen Verhältnissen der Besitz sich nach und nach als überflüssig erweisen und infolgedessen jeden Reiz verlieren wird, sichert er ihnen den ungestörten Genuß ihrer Reichtümer zu, solange sie selbst Gefallen am Besitze finden.[74]) Man sieht, Owen war gar nicht so abgeneigt, auch zuweilen Kompromisse zu schließen und sich den gegebenen Verhältnissen, deren Umgestaltung ja nicht im Handumdrehen erfolgen kann, anzupassen.

Von besonderem Interesse, da wir aus ihm ersehen, wie Anhänger Owens auf Grundlage seiner Ideen unter Berücksichtigung der gegebenen Verhältnisse weiterbauten, ist ein Brief, den Mr. J. M. Morgan an den Bischof von London richtete und der in kurzer Zeit mehrere Auflagen erlebte.[75]) Morgan schlägt darin die Gründung von Klubs in großem Maßstabe vor, um auf diese Weise die Lebenshaltung der verschiedenen Klassen zu heben. Wohl in der Erkenntnis, daß die Loslösung vom Heimatboden eine der Ursachen der Owenschen Mißerfolge war, betont er ausdrücklich, daß die Gründung seiner Klubs in unmittelbarer Nähe Londons erfolgen solle. Weiter spricht er sich für Ausdehnung der Klubs auf das weibliche Geschlecht aus und empfiehlt, die Versorgung der einzelnen Bevölkerungsschichten nach verschiedenen Plänen in Angriff zu nehmen, und zwar zunächst Klubs für die oberen und mittleren Klassen zu gründen, dann nach einem zweiten Plane die hauswirtschaftliche Versorgung der Arbeiterklasse anzubahnen und endlich nach einem dritten, die der Armen, d. h. derjenigen, die zwar arbeiten möchten, aber keine Beschäftigung finden können.

Alles in allem enthalten Owens hauswirtschaftliche Reformvorschläge eine Fülle wertvollster Anregungen. Sie hätten wahrlich ein besseres Schicksal verdient, als mit anderen seiner „Utopien", die er wirklich noch allzu grün vom Baume der Menschheit pflücken wollte, in einen Topf geworfen und als unrealisierbar beiseite geschoben zu werden.

War Owen nach seinen verschiedenen Mißerfolgen offiziell abgetan, so sickerten seine Anschauungen doch im englischen Volke weiter, obgleich sich natürlich schwer nachweisen läßt, welche Fäden von den Owenschen Gedankengängen zu einigen neueren englischen hauswirtschaftlichen Zentralisationsbestrebungen hinüberführen. Das gilt sowohl für die zahlreichen Klubs und Heime als für die den Forderungen weitgehendster Zentralisierung angepaßten Rowton-Houses. Was die höheren Ansprüchen angepaßten Klubs angeht, so existierten sie zwar schon vor Owen, der selbst vergleichsweise auf sie hinweist,[76]) nahmen aber nach Owen einen ganz gewaltigen Aufschwung, was sicher, wie die Morganschen Ausführungen beweisen, in Anlehnung an Owensche Ideenkreise geschehen ist.[77])

Schwerer festzulegen ist dagegen der Zusammenhang zwischen Owen und den zur Versorgung lediger Arbeiter und Arbeiterinnen bestimmten „Homes", die dem allmählichen Ausbau der in den vierziger Jahren entstandenen Lodging-Houses ihre Entstehung verdanken.[78]) Kam die hauswirtschaftliche Zentralisierung in den Logierhäusern über die ersten Anfänge eines Bades und Waschhauses kaum hinaus, so wurde sie in den Homes durch Einrichtung von Zentralküchen und Speiseräumen vervollständigt. Die stetig wachsende Zahl dieser Ledigen-Großhaushalte beweist, daß sie einem stark gefühlten Bedürfnisse weiter Bevölkerungsschichten nach Befreiung von den trostlosen Zuständen des Schlaf- und Kostgängertums entgegenkommen.

Was kollektivistische Familienversorgung angeht, so scheint der Engländer bei seinem stark ausgeprägten Familienfanatismus dafür weniger als andere Nationen zu haben zu sein.[79]) Graben wir tiefer, so stoßen wir auf die schon an anderer Stelle konstatierte Identifizierung des Familienlebens mit dem hauswirtschaftlichen Betriebe, diesem Grundirrtum der Gegner des Familien-Großhaushalts.

Trotzdem sind einige Versuche in Kollektiv-Familienversorgung auch in England und Schottland gemacht worden. Am großzügigsten sind die Einrichtungen der „Rowton-Houses", (nach Lord Rowton, London) wie wir sie sowohl in London, Newington Butts, als in Glasgow finden. In Glasgow besteht außer zahlreichen Einzellogierhäusern ein Familien-Logierhaus, das hauptsächlich für Witwer mit Kindern bestimmt ist. Es gewährt volle Verpflegung und übernimmt die Sorge für die Kinder während des Tages. Angesichts des hauswirtschaftlichen Elends der mit der Sorge für kleine Kinder belasteten Witwer der unteren Stände ist die segensreiche Wirkung dieser Rowtonschen Gründung kaum hoch genug zu veranschlagen. Das Rowton-House in Newington Butts in London enthält großartige Zentralisationseinrichtungen sowohl mit Teil- als Vollbädern, einem Waschhaus, Warmwasserversorgung, große Speisesäle. Außer der Möglichkeit, die Speisen fertig zubereitet zu erhalten, bestehen aber auch Vorkehrungen, die denen, die individuelle Küche vorziehen, das eigenhändige Zubereiten der Speisen ermöglichen.

Kräftige Ansätze in hauswirtschaftlichen Zentralisationsbestrebungen sind also auch in England zu verzeichnen. Zieht man aber demgegenüber inbetracht, wieviel durch Owen, Morgan, Whitwell, Buckingham und andere in dieser Frage theoretisch geleistet worden ist, so erscheinen diese vereinzelten praktischen Versuche nur als ganz bescheidene Anfänge eines wirklich überreifen Wirtschaftsproblems.

Von England aus sprang die Bewegung zunächst auf Frankreich über, obgleich sich nur schwer feststellen läßt, inwieweit sie hier durch englische Schriftsteller beeinflußt, inwieweit sie spontan entstanden ist. Sicher ist, daß Fourier,[80]) der französische Hauptverfechter der Idee, bereits 1808 in seiner „Théorie des quatre mouvements" den Gedanken zentralisierter Speisenzubereitung mit dem Hinweise auf deren große ökonomische Vorteile scharf hervorgehoben hat.[81]) Wenn wir trotzdem Owen die Priorität zuschreiben, so geschieht es, weil dieser, wie aus dem Zeugnis einer großen Anzahl Zeitgenossen unzweifelhaft hervorgeht, schon vor diesem Zeitpunkt die Verwirklichung des Gedankens in New Lanark angebahnt hatte und wir praktischen Versuchen auf diesem Gebiete einen höheren Wert beimessen als allen nur zu oft unfruchtbaren theoretischen Untersuchungen.

Hatte Owen den ökonomischen Kern seiner Anschauungen durch eine Unmenge anderer Ideen verschleiert, so ließ auch Fourier es sich nicht nehmen, den Gedanken hauswirtschaftlichen Großbetriebs unter der speziell Fourierschen Gewandung von „attraction industrielle" und „séries passionnées" in die Welt zu schicken. Obgleich nun ihre Systeme viel Aehnlichkeit haben, ergreift Fourier jede Gelegenheit, um sich gegen eine Vermischung seiner eigenen mit Owenschen Ideen energisch zu verwahren.

Die Grundlage beider Systeme ist allerdings durchaus verschieden. Während Owen seine „Home Colonies" in der Hauptsache auf kommunistischer Basis aufbauen will, ist Fourier ausgesprochener Bourgeois, ein erklärter Verfechter von Eigentum und Erbrecht.[82]) Im Gegensatz zu den Owenschen Gleichheitsbestrebungen erscheint ihm daher eine große Mannigfaltigkeit der Vermögen Grungbedingung für eine gedeihliche Entwicklung seiner Assoziationen.[83])

Im übrigen ist jedoch die vielfache Uebereinstimmung beider Systeme nicht zu verkennen. In beiden trägt der Reformgedanke einen stark familienfeindlichen Charakter,[84]) wenn Fourier auch behauptet, daß er die Ehe nicht abschaffen, sondern nur modifizieren wolle.[85]) Hier wie dort schärfste Stellungnahme gegen den Handel, den Fourier durch direkten Bezug vom Erzeuger ersetzt wissen will, bei beiden der wiederholte Hinweis auf dessen Produzenten und Konsumenten in gleicher Weise schädigende Tendenzen.[86]) Hier wie dort starke Betonung des hohen Wertes der Frauenkraft und der Hinweis auf die unberechtigte Geringschätzung, die man ihr bisher zuteil werden ließ.[87]) Also Analogien die schwere Menge, von der Uebereinstimmung ihrer speziell hauswirtschaftlichen Anschauungen ganz zu schweigen.

Daß Fourier trotzdem — Owen schweigt sich darüber bis auf eine Stelle völlig aus — nur die Verschiedenheiten beider Systeme sehen will und immer von neuem die Schale seines Hohnes über Owen ausgießt, darf uns nicht allzu sehr Wunder nehmen. Die Erfahrung hat leider gelehrt, daß die Förderer und Weiterentwickler eines die Menschheit aus dumpfem Dahinleben im alten Schlendrian aufrüttelnden Gedankens der Mit- und Nachwelt nur zu häufig das traurige Schauspiel bieten, verdienstvolle Vorläufer, ja selbst den eigentlichen Urheber des Gedankens, mit ihrem Spott und Hohn zu übergießen, anstatt den Mängeln ihrer Auffassung gegenüber sich zu sagen, daß sie als erste Voraustaster der Idee kaum imstande sein konnten, für diese sofort die adäquate Form zu finden. Schwärzester Undank oft da, wo die Dankesschuld unendlich groß. Das sehen wir an Darwins Verhalten gegenüber Lamarck, an demjenigen Nietzsches gegenüber Dühring. Angesichts dieser Tatsache nimmt man also Fouriersche Ausdrücke wie „les fadeurs morales de la secte Owen",[88]) seine Bezeichnung Owens als „charlatan sociétaire",[89]) seine Behauptung „Owen n'a aucune connaissance en mécanisme sociétaire[90]) als das, was sie sind, Ausgeburten des Neides angesichts des beispiellosen Erfolges eines Mannes, der ähnliche Gedanken wie er selbst vertrat, während in seinem eigenen Leben der Erfolg auf sich warten ließ. Am Schluß seines „Nouveau monde industriel et sociétaire" verführt ihn die Kritik Owens und sein Bestreben, sein eigenes Licht möglichst hell leuchten zu lassen, sogar zu den unglaublichsten Geschmacklosigkeiten,[91]) wie denn überhaupt der Fouriersche Größenwahn zuweilen gar seltsame Blüten treibt.[92])

Daß übrigens auch im Fourierschen System manches Gute steckt, besonders sein Bestreben, durch häufigen Wechsel, der „Schmetterlingsnatur" des Menschen entsprechend, die Arbeit zu einem Vergnügen zu gestalten, um auf diese Weise die Nichtstuer und Parasiten der Menschheit zur Beteiligung heranzulocken,[93]) ist schon wiederholt hervorgehoben und als sein unbestrittenes Verdienst anerkannt worden. Ist Owen als Vater der Kinderbewahranstalten, so Fourier ohne Zweifel als erster Anreger der Fröbelschen Kindergärten anzusehen, die durchaus auf Fourierschen Prinzipien aufgebaut sind.

Was nun den ökonomischen Kern seines Systems angeht, so ist festzustellen, daß er überall da, wo es ihm gelingt, die oft dicke Schale phantastischer Umhüllungen zu durchbrechen, sehr scharf hervortritt. Die Versorgung in der Familie, „cette réunion la plus petite et la plus ruineuse“,[94]) erscheint Fourier als einer der gröbsten Fehler menschlicher Bewirtschaftung. Er weist daher mit Nachdruck auf die gewaltigen wirtschaftlichen Vorteile hauswirtschaftlichen Großbetriebs hin. Eine Stelle, in der alle Hauptpunkte des Problems: Bessere Ernährung bei geringerem Kostenaufwande, Ersparnis an Rohmaterialien, an Frauenkraft, Ersatz von zahlreichen ungeschulten durch wenige geschulte Kräfte, Anwendung von Maschinen im Großküchenbetriebe, Freiwerden von Volkskraft zu produktiver Betätigung, in knapper Form zusammengefaßt sind, läßt erkennen, wie scharf Fourier die ökonomische Seite der Frage erfaßt hat. Die Stelle lautet: „Au lieu de trois cents feux de cuisine et trois cents ménagères, on n'aurait que quatre ou cinq grands feux préparant des services de divers degrés, assortis à quatre ou cinq classes de fortune, car l'état sociétaire n'admet point d'égalité.[95]) Il suffirait d'une dixaine de personnes expertes pour remplacer les trois cents femmes qu'emploie le régime civilisé dépourvu des nombreuses mécaniques dont on ferait usage dans une cuisine préparant pour dix-huit cents personnes. (C'est le nombre le plus convenable.) Cette réunion abonnerait chacun à des tables et services de divers prix, sans aucun assujétissement contraires aux libertés individuelles.

Le peuple, dans ce cas, dépenserait bien moins pour faire bonne chère qu'aujourd'hui pour vivre pitoyablement. L'épargne de combustible[96]) serait immense, et assurerait la restauration des forêts et climatures, bien mieux que ne font cents codes forestiers inexécutables.

Le travail de ménage serait tellement simplifié que les sept huitièmes des femmes de ménage et des domestiques deviendraient disponibles et applicables aux fonctions productives.“[97])

An anderer Stelle weist Fourier auf die unter den gegenwärtigen wirtschaftlichen Verhältnissen herrschende Vergeudung der Transportmittel hin und betont, daß die tausend Bauern, die sich heute mit geringen Quantitäten zur Stadt begeben, leicht durch zwanzig Personen, die die Versorgung der ganzen Stadt übernehmen würden, ersetzt werden könnten.[98])

Was die Verteilung der Arbeiten im Großhaushalte angeht, so betont Fourier die Notwendigkeit einer weitgehenden Arbeitsteilung.[99]) Von den im Haushalte beschäftigten Frauen, die er zu drei Vierteln den Parasiten der Menschheit zurechnet, behauptet er, daß die meisten von ihnen weder Interesse noch Geschick für diese Art Beschäftigung haben, daß aber demgegenüber eine gewisse Anzahl unter ihnen eine solch hervorragende Befähigung für hauswirtschaftliche Arbeiten an den Tag legen, daß sie mit Leichtigkeit imstande seien, einem ausgedehnten Kollektivhaushalt vorzustehen.[100])

Trotz gemeinsamer Speisenzubereitung ist jedoch Fourier weit davon entfernt, einer Uniformierung des Geschmacks, auf dessen Ausbildung er im Gegenteil den größten Wert legt, das Wort zu reden.[101]) Und daß er über den leiblichen Genüssen auch die geistigen nicht vergißt, das beweist sein Rat, nicht nur in der Wahl der Speisen, sondern auch in der Wahl der Mitspeisenden äußerste Vorsicht walten zu lassen.[102])

Einen großen Raum nehmen bei Fourier, wie bei Owen, Erziehungsfragen und solche der Kinderpflege ein.[103]) Der Familienerziehung gegenüber tritt er mit Entschiedenheit für Kollektivpflege und gemeinsame Erziehung ein, und zwar befürwortet er sie aus demselben Grunde, der auch Owen veranlaßte, sich zu ihrem Verfechter aufzuwerfen: Mangel an zur Kinderpflege und -erziehung geeigneten Müttern. Nicht etwa, daß er ihnen diesen Umstand zum Vorwurf machen will. Er findet es im Gegenteil nur zu natürlich, daß sich eine große Anzahl nicht dazu eignen. Kindergeschrei und all das leidige Drum und Dran der Kinderpflege seien nun einmal nicht jedermanns Sache.[104])

Die vorschulpflichtigen Kinder, vom Neugeborenen an, sollen in drei Altersgruppen und drei Temperamentklassen getrennt in entsprechend eingerichteten Sälen gepflegt und erzogen werden, und zwar soll sich die Kollektiverziehung nicht nur auf die Kinder der Armen, sondern auch auf die der besitzenden Kreise erstrecken. Der Mutter soll nur die Ernährung des Säuglings, alles übrige aber den damit beauftragten Personen obliegen. Den Eltern soll sozusagen nur die Freude an ihren Kindern bleiben. Der Vater soll das Recht haben, sein Kind zu verziehen. Erzogen soll es durch andere Personen und zwar besonders durch Spielgenossen werden. Durch täglich zweimaligen Besuch des Arztes soll der Gesundheitszustand der nach dieser Methode verpflegten Kinder aufs sorgfältigste überwacht werden, wobei das Interesse des Arztes an einem guten Gesundheitszustand durch Gewährung eines höheren Gehaltes, wenn sich dieser als besonders befriedigend herausstellt, gestärkt werden soll.[105])

Von dieser Kollektiv-Kinderpflege verspricht sich Fourier eine ganz erhebliche Abnahme der Kindersterblichkeit und eine dementsprechende Zunahme der Bevölkerung. Seine Annahme jedoch, daß unter diesen neuen gesellschaftlichen Verhältnissen nicht der zehnte Teil der Kinder sterben würde, die der gegenwärtigen Kinderpflege oder, besser gesagt, dem Mangel einer solchen zum Opfer fallen,[106]) geht in der Abschätzung geretteten Menschenmaterials doch wohl ein wenig zu weit, wenn auch sein Hinweis auf die hohe Bedeutung der Kollektiv-Kinderpflege für die Bevölkerungspolitik durch zahlreiche Tatsachen bereits bestätigt worden ist.

War die Zustimmung, die die Ideen Fouriers fanden, auch nicht im entferntesten mit derjenigen zu vergleichen, die ähnlichen Anschauungen unter der Flagge Owens in England zuteil wurde, so bildete sich doch allmählich ein kleiner Kreis überzeugter Anhänger um ihn, der sich später zur „Ecole sociétaire" zusammenschloß und dem nach Fouriers Tode auch Prinz Louis Bonaparte beitrat.

Dieser Gruppe Fourierscher Anhänger, unter denen wohl Benjamin Constant als der bedeutendste anzusehen ist, trat dann bald darauf unter der Führung Cabets[107]) eine extreme kommunistische Richtung gegenüber, die, wie aus der Thronrede der Sitzung von 1847, in der nachdrücklich auf die Gefahren des französischen Kommunismus hingewiesen wurde, hervorgeht, der französischen Regierung nicht geringe Sorge bereitete.[108])

Sowohl Fourieristen als Cabetisten strebten nun natürlich nach einer möglichst vollständigen Verwirklichung ihrer Ideen, und am liebsten hätten sie diese wohl in der Heimat in Angriff genommen. Als sie aber sahen, daß die Schwierigkeiten, die ihnen die Regierung entgegenstellte, immer größere wurden, wandten sich ihre sehnsüchtigen Blicke nach dem Traumlande von so vielen, den weiten, menschenhungrigen, tausend Entwicklungsmöglichkeiten in ihrem Schoße bergenden Gefilden Amerikas. Inwiefern und mit welchem Erfolg sie dort ihre Pläne kollektivistischer Hauswirtschaft in die Wirklichkeit umsetzten, soll jedoch an geeigneterer Stelle gezeigt werden.

Andere, die die Fühlung mit der Heimat nicht ganz verlieren wollten, glaubten im nahen Nordafrika einen geeigneten Boden zur Gründung Fourierscher Gemeinden gefunden zu haben. Unter dem Namen „Union du Sig" trat eine Verbindung ins Leben, die sich die Realisierung der Fourierschen Gesellschaftsordnung zum Ziele setzte, jedoch schon nach wenig Jahren zerfiel. Die Gründung erwies sich als ein noch größerer Mißerfolg als die Owensche Siedlung von New Harmony, und 1851 klagten einige Glieder der Vereinigung im „Bulletin de l'Union du Sig" bitter darüber, daß die Arbeit durch bezahlte Kräfte geschehen und das gesellschaftliche System Fouriers überhaupt nicht versucht worden sei.[109])

Heftete sich diesen und anderen Versuchen äußerer Kolonisation nach Fourierschem Muster der Mißerfolg an die Fersen, so verhielt es sich durchaus anders mit solchen Unternehmungen, die sich Fouriers Ideen in der Heimat zunutze machten. Dies ist der Fall bei dem bekannten, schon oft im guten sowie im schlechten Sinne herangezogenen Familistère zu Guise an der Oise.[110]) Der

Gründer, Godin, der sich vom Arbeiter zum Großindustriellen heraufgearbeitet hatte, begann wie Owen mit der Unterdrückung des Borgsystems, das wie allerorten so auch in Guise hoch im Schwange stand. Durch Gründung von Läden,[111]) in denen kein Kredit gewährt wurde, dagegen die von Godin im Großeinkauf erworbenen Waren: Nahrungsmittel, Brennstoffe, Kleidungsstücke zu Kostenpreisen abgegeben wurden, schuf er die zur Herbeiführung besserer hauswirtschaftlicher Zustände unumgänglich notwendige Grundlage.

Vor allem galt dann seine Sorge den Wohnverhältnissen seiner Arbeiter, die einer Besserung dringend bedurften. Zu diesem Zwecke schuf er an einem 80 qm weiten Viereck zwei palastähnliche Gebäude, eins im Hintergrunde, eins an der rechten Seite, die er durch einen Anbau miteinander verband. Diese Riesengebäude waren durch die Oise von den Fabriken getrennt, befanden sich in unmittelbarer Nähe von Wiesen und Gärten, die auf einer durch die Oise gebildeten Halbinsel angelegt waren und den Kindern als Spielplätze dienten, und enthielten in vier Stockwerken je 144 und 122 Wohnungen. Als ganz besonders praktisch stellte sich eine bauliche Maßnahme heraus, die nach Art des 1851 auf der Londoner Ausstellung am Prinz Albert Model House zum ersten Male zur Anwendung gebrachten „Open staircase principle" die einzelnen Wohnungen von einem offenen fünf Fuß breiten Balkon zugänglich machte, der nur durch eine breite Treppe an den Ecken der Gebäude zu erreichen war und bei der Ueberwachung der Kinder treffliche Dienste leistete. Als nicht weniger vorteilhaft erwiesen sich Schachte und Abzugsröhren, durch die Küchenabfälle und anderer Unrat sofort in einen Behälter im Erdgeschoß, der täglich geleert wurde, befördert werden konnten. Ueberhaupt ließ die architektonische Disposition des Ganzen wenig zu wünschen übrig. Wasserleitung und Gasbeleuchtung in allen Stockwerken waren weitere mächtige Hebel für Reinlichkeit und Ordnung.

Was Speisenzubereitung und Speiseneinnahme angeht, so herrschte darin die weitgehendste individuelle Freiheit. Die Speisen konnten, was namentlich von seiten der ledigen Arbeiter geschah, in den Speiseräumen des Kasinos gemeinsam eingenommen werden, oder eine Garküche lieferte Suppe, Fleisch und Gemüse fertig zubereitet zum Abholen. Endlich stand es den Familien frei, sich, wenn sie dies vorzogen, die Mahlzeiten in der Wohnung zu bereiten. Ueberhaupt war Godin bestrebt, sowohl den Bedürfnissen derjenigen, die in größerem Kreise Geselligkeit suchten, als auch den Wünschen derer, die noch ihr Heil und Lebensglück einzig und allein im engen Kreise der Familie sahen, nach Möglichkeit entgegenzukommen. Jedenfalls sollte der Familiencharakter des Unternehmens — daher der Name Familistère — im Gegensatz zu Fourier gewahrt bleiben.

Von weiteren Zentralisations-Einrichtungen verdienen die durch Maschinen gespeisten Wasch- und Badeanstalten, das „Pouponat“ für zwei- und dreijährige, das „Bambinat“ für vier- und fünfjährige Kinder Erwähnung. Von der Einrichtung einer Säuglings-Pflegstätte sah Godin jedoch ab und überließ die Pflege der ganz Kleinen den Müttern. Wie gut der Gesundheitszustand in diesen Kinderpflegstätten war, beweist der Umstand, daß bei einer Keuchhusten-Epidemie, die in Guise auf das furchtbarste wütete, die Kinder des Familistère fast gänzlich von dieser Krankheit verschont blieben.

Um den Bewohnern des Familistère Gelegenheit zu geben, sich selbst einen Einblick in den Gang des Unternehmens zu verschaffen, übertrug Godin die Ueberwachung der Verwaltung zwei Komitees, von denen das eine aus Arbeitern, das andere aus Frauen bestand.

Der Gesamtwert der Gebäude wurde in Aktien von verschiedenem Betrage zerlegt, wie er den Größenverhältnissen der einzelnen Wohnungen entsprach, und diese von den Arbeitern aus ihren Ersparnissen angekauft, so daß der durch die Mieten erzielte Gewinn zum großen Teile wieder in die Taschen der Arbeiter zurückfloß.[112]) Sowohl Godin selbst als sein Nachfolger gingen später auf der Bahn der Assoziation noch mehrere Schritte weiter. Das ausgedehnte industrielle Unternehmen wurde zunächst auf Gewinnbeteiligung zugeschnitten und endlich in eine Produktiv-Assoziation umgewandelt.[113])

Die guten Erfolge von Guise haben später eine ähnliche Godinsche Gründung zu Laeken in Belgien ins Leben gerufen.

Ist das Familistère von Guise gleichsam als das Musterbeispiel eines auf Familienversorgung berechneten hauswirtschaftlichen Großbetriebs in Verbindung mit dem Großhaussystem anzusehen, so tritt uns in der „Cité ouvrière“ von Mühlhausen[114]) das vielgerühmte Kleinhaus-Musterbeispiel entgegen. Ueber dieses einst vorbildliche Unternehmen sind schon wahre Ströme von Tinte und Druckerschwärze geflossen,[115]) Grund genug, um uns hier kurz zu fassen.

Im Unterschiede zum Familistère zu Guise handelt es sich hier nicht um die Gründung eines einzelnen Unternehmers, sondern um die einer Gruppe von Arbeitgebern, die sich zu gemeinsamem Vorgehen zusammengeschlossen hatten, wenn auch einer derselben, Johann Dollfus, eine überragende Stellung unter ihnen einnimmt.

Obgleich die Mühlhausener Einrichtungen nicht den einheitlich geschlossenen Charakter wie die des Familistère tragen, dürfte dem Mühlhausener Unternehmen aus verschiedenen Gründen eine dauernde Bedeutung gesichert sein. Abgesehen davon, daß hier hauswirtschaftliche Zentralisationsbestrebungen in einer großen

Anzahl Einrichtungen zum Ausdruck gelangten, wie Bädern Waschhäusern, in denen die heißen Abflußwässer der Fabriken eine nutzbringende Verwendung fanden und wo durch Anlage von Maschinen zum Zwecke des Ausringens und Trocknens der Wäsche die größtmöglichste Ersparnis von Zeit und Menschenkraft angestrebt wurde, einem Heime für ledige Arbeiter, das in einem großen Gebäude untergebracht war und siebzehn Zimmer enthielt, Speisehäusern, Bäckereien, Läden, die auf dem Prinzipe billigen Engroseinkaufs basierten, Krippen und Kinderbewahranstalten, kamen hier zum ersten Male zwei seitdem als überaus wertvoll erkannte Neuerungen voll zur Geltung: Ausschließliche Verwendung des Kleinhaussystems bei Familienversorgung, während das Großhaus-System auf Ledigenversorgung beschränkt bleibt, und erste konsequente Durchführung des Dollfusschen Eigentumserwerbsprinzips.

Was weitere französische Gründungen dieser oder ähnlicher Art, wie die zu Beaucourt, Lille, Gebweiler, Anzin, Grenoble[116]) betrifft, so ist in ihnen der Gedanke hauswirtschaftlicher Zentralisation in Anlehnung an das eine oder andere der beiden oben genannten Systeme, wenn auch nicht in gleicher Vollständigkeit, zum Ausdruck gebracht.

Von den Pariser Gründungen, die namentlich der Anregung Napoleon III. ihre Entstehung verdanken, verdienen zwei besondere Erwähnung. Es sind dies die Cité in der Rue de Reuilly, wo in der Anlage von vierzig Häusern zu je vier Familienwohnungen um eine zum Zwecke gemeinsamer Oekonomie errichtete Wirtschaftszentrale das Prinzip hauswirtschaftlicher Zentralisation zu weitgehender Durchführung gelangen sollte, ein Plan, der leider nur zum Teil verwirklicht wurde, und der Kasernenbau in der Rue Montreuil, wo vierhundert ledige Arbeiter außer Schlafstellen verschiedene Vorteile hauswirtschaftlichen Großbetriebs fanden.[117])

Abschließend ist zu sagen, daß Frankreich sowohl theoretisch als praktisch den Gedanken zentralisierter Hauswirtschaft mächtig gefördert und stark im Bewußtsein der Menschheit verankert hat.

Allen diesen französischen Unternehmungen gemeinsam, bis auf den Fourieristischen Mißerfolg in Algerien, ist jedoch ihr Zuschnitt auf Arbeiterkreise. Nirgends ist, abgesehen von anstalts- oder hotelartigen Betrieben mit mehr oder weniger ausgesprochener kapitalistischer Interessenwirtschaft,[118]) ein ernst zu nehmender Versuch gemacht worden, das Prinzip kollektivistischer Hauswirtschaft in großem Maßstabe auch auf bessergestellte Kreise in Anwendung zu bringen.

Auch die Entwicklung, welche die Frage in dem Frankreich benachbarten Belgien und bei dessem nördlichen Nachbarn erfuhr, war nicht dazu angetan, ihr den Armeleutegeruch zu nehmen, der ihr bis dahin angehaftet hatte. Die hier infrage kommenden Reformbestrebungen bewegen sich übrigens in der Hauptsache auf dem Gebiete der Wohnungsreform. Erwähnung verdient die kooperative Bäckerei in Brüssel, die in kurzer Zeit einen gewaltigen Aufschwung nahm.

Von besonderem Interesse sind die Vorschläge Ducpétiaux', die dieser zur Hebung der Not in Flandern macht. Als Erfolg versprechendes Mittel, die trostlosen wirtschaftlichen Zustände der flandrischen Bevölkerung zu bessern, empfiehlt er innere Kolonisation. Um diese großzügig in die Wege zu leiten, schlägt er vor, der Staat möge die Leitung der vorbereitenden Arbeiten, wie Anlage von Straßen, Kanälen, Anpflanzungen, Errichtung von Schutzhütten, übernehmen und zu diesem Zwecke Bettler und eine gewisse Kategorie von Verbrechern heranziehen, um mit Hilfe dieser Armenkolonien die Anlage von Musterdörfern zu betreiben. Diese Dörfer, deren Bewirtschaftung durch die Bewohner gemeinsam zu erfolgen hätte, sollen zunächst Staatsbesitz bleiben. Später soll jedoch der Erwerb der einzelnen Häuser durch die Bewohner nach Möglichkeit gefördert werden.[119])

Auch in Holland war man, und zwar schon lange vor Ducpétiaux, bei der Behandlung der Frage die soziale Leiter bis auf die unterste Stufe herabgestiegen. Schon in den zwanziger Jahren hatte man hier nach Owenschem Muster — die Beeinflussung war in diesem Falle eine direkte[120]) — landwirtschaftliche Armenkolonien mit Einrichtungen hauswirtschaftlicher Zentralisation gegründet,[121]) um arbeitsfähigen und arbeitswilligen Armen mit Hilfe der Assoziation zu einem geordneten, produktiven Dasein zu verhelfen.

Interessant ist eine Schöpfung aus neuerer Zeit, die Arbeitersiedlung Agnetapark des Herrn van Marken, des Direktors der Niederländischen Preßhefe- und Spiritusfabrik in Delft. Die Kolonie, die durch abwechslungsvolle Gestaltung der Gebäude, durch Anlage von Wiesenflächen, Baumgruppen einen überaus freundlichen Eindruck hervorruft, besitzt in Konsumvereinen, Wasch- und Badeeinrichtungen, Kosthäusern, hochentwickelte hauswirtschaftliche Zentralisationseinrichtungen. Um die Mißstände des Einzelbesitzes zu vermeiden, hat der Gründer ganz im Sinne Owens das Unternehmen auf dem Prinzipe des Kollektiv-Eigentums aufgebaut.[122])

Von England und Frankreich aus wurde, wie bereits erwähnt, der Gedanke nach den weiten Gefilden Amerikas getragen, dem Sehnsuchtsziel aller gegenwartsmüden, zukunftshungrigen Weltverbesserer. Hierher wandten sich Owen sowie Cabet, sowohl dessen als Fouriers Anhänger, um Pläne zu verwirklichen, für die ihnen das alte Europa zu eng schien. Denselben Gedanken hatten aber bereits andere vor ihnen gehabt. Religiöse Schwärmer, die aber das Glück hatten, wirtschaftstüchtige Führer zu finden, weltfremde Träumer aus der württembergischen Pflanzschule der Sektengründer,[123]) hofften hier den nötigen Raum zur Schaffung einer neuen Gesellschaftsordnung, einer ihren religiösen Anschauungen entsprechenden Gemeinschaft zu finden. Neuland und Freiluft, das war es, was ihnen not tat, und für ihre Armut ein Land, wo der Boden ein Geschenk und das jungfräuliche Erdreich noch tausend Entwicklungsmöglichkeiten in seinem unerschlossenem Schoße barg. Und hier fern von der Heimat, isoliert von Stammes- und Gesinnungsgenossen, eine kleine Völkerinsel im amerikanischen Völkerozean, ergab sich der wirtschaftliche Zusammenschluß der einzelnen zu einem festen Wirtschaftsgefüge sozusagen von selbst. Diese ersten amerikanischen Kommunistengemeinden wurden Vertreter des Gemeineigentums und gemeinsamer Bewirtschaftung weniger aus innerer Ueberzeugung als unter dem Drange äußerer Lebensumstände.

Die älteste dieser Gemeinden ist die der Shakers, die bereits 1792 gegründet wurde und bald nach dem Urteile aller Zeitgenossen zu einer staunenerregenden Blüte gelangte,[124]) wenn auch ihre Glieder infolge ihrer Abgeschlossenheit von der übrigen Welt geistig mehr oder weniger verkümmerten. Nach kurzem zählte die Gemeinde nicht weniger als achtzehn blühende Kolonien in sieben verschiedenen Staaten Amerikas. Ja, ihr wirtschaftlicher Erfolg stieg in den fünfziger Jahren des neunzehnten Jahrhunderts zu einer solchen Höhe, daß die Regierung der Vereinigten Staaten sich zu beunruhigen begann und ein Gesetz eingebracht wurde, durch das die Menge des Landes, das sie kaufen durften, beschränkt werden sollte.[125])

Was die Organisation dieser kommunistischen Siedlungen angeht, so lebten die Glieder der Gemeinde unter Cölibat in Gruppen von dreißig und neunzig Personen in sogenannten „Familien" zusammen. Männer und Frauen genossen völlig gleiche Rechte, und die Frauen beteiligten sich mit viel Geschick an allen geschäftlichen Anlegenheiten. Hauswirtschaftlich waren sie zu einem gut organisierten Großhaushalt mit gemeinsamen Speiseräumen vereinigt, dessen Führung zwar hauptsächlich den Frauen oblag, in dem aber die Hilfe der „Brüder" zur Verrichtung schwerer Hausarbeit herangezogen wurde.

Gleicher Prosperität wie die Shakergemeinde erfreuten sich die Gemeinden von Zoar unter der geschickten Leitung Baumlers[126]) die zu Aurora, die ihre hohe Blüte dem ausgesprochenen Geschäftstalent von Dr. Keil,[127]) ihrem Gründer, verdankte, die zu Amana im

Staate Jowa und vor allen Dingen die der Harmonisten oder Rappisten in Economy am Ohio, die unter der Diktatur von „Vater Rapp“ einen gewaltigen wirtschaftlichen Aufschwung nahm.

Die Siedlung war 1803 durch Rapp, auch einem Schößling aus der württembergischen Sektenpflanzschule, gegründet worden. Schon nach zehn Jahren war das Vermögen der Gemeinde derart gestiegen, daß jetzt 1200 Dollar auf jede Familie kamen, während bei der Gründung die auf die Familie fallende Summe nur 500 Dollar betrug.[128]) Herzog Bernhard von Sachsen-Weimar, der Anfang der zwanziger Jahre der Kolonie einen Besuch abstattete,[129]) berichtet mit staunender Bewunderung über die beispiellose Blüte der Gemeinde, deren Reichtum sich in dem Besitze von Kohlenminen, Petroleumquellen, Eisenbahnen, Fabriken — die größte Messerfabrik in den Vereinigten Staaten war zum größten Teile ihr eigen — kundgab. In kurzer Zeit hatten die Rappisten die Wildnis in blühende Gärten, Obstgärten, Weinberge, fruchtbare Aehrenfelder umgewandelt.

Was die hauswirtschaftliche Organisation betrifft, so war sie natürlich, wie dies unter der Leitung eines so vortrefflichen Volkswirts wie Vater Rapp nicht gut anders möglich war, eine in weitgehender Weise zentralisierte. Wir erfahren von Großeinkäufen, gemeinsamen Waschhäusern, die auf Anordnung Rapps, der großen Wert auf arbeitsparende Maschinen legte, mit Maschinen und Dampfkesseln ausgestattet waren, von gemeinsamen Speisehäusern,[130]) monatlicher reichlicher Lebensmittelausgabe, während das Fleisch nach jeder Schlachtung der Familiengröße entsprechend zur Verteilung gelangte und das Gemüse von den Familien im Garten selbst gezogen wurde. Ja, wir haben hier in Economy die erste Anlage, wo die Heizung der Fabriken und Arbeitsräume durch Röhren geschah, die mit den Dampfkesseln in Verbindung standen.[131]) Also Zentralheizung in großem Maßstabe vor hundert Jahren.

Von allen diesen Kolonien wird berichtet, daß ihre Bewohner sich das Leben leicht machten, nur verhältnismäßig wenig arbeiteten und sich eines ausgezeichneten Gesundheitszustandes und großer Langlebigkeit erfreuten, eine Tatsache, die ohne Zweifel ihre Erklärung in dem Umstande findet, daß ihr Leben frei von jeder Sorge um die tägliche Notdurft und ohne drückende gesundheitschädigende Arbeit verlief.

Nachdem nun die Siedlung von Economy zwei Jahrzehnte lang in Blüte gestanden, wurde sie, wie schon an anderer Stelle erwähnt, von Owen gekauft, während die Rappisten ihren Wanderstab weiter setzten, um tiefer im Hinterlande amerikanische Wildnis in fruchtbares Kulturland umzuwandeln. Owen übernahm die Gebäude und Einrichtungen unter den denkbar günstigsten Bedingungen, und schon nach wenig Jahren erfolgte der Zusammenbruch von New Harmony. Sollten angesichts dieser Tatsachen die recht haben, die Owen als zur Führung ungeeignet bezeichnen, die meinen, daß der Kommunismus nur unter fester Diktatur gedeihen könne, und daß man ein Despot wie Vater Rapp sein müsse, wenn man eine Kommunisten-Kolonie zur Blüte bringen wolle. Fast scheint es so. Ueberall, wo starke Persönlichkeiten, tüchtige Organisatoren, Männer wie Rapp, Baumler, Dr. Keil sich an die Spitze einer Kommunistensiedlung stellten, gelang das Unternehmen. Bei den Owenschen Mißerfolgen scheinen die Dinge aber doch anders zu liegen. Eine starke Persönlichkeit wird man Owen kaum absprechen können. Wir meinen: Wäre Owen in New Harmony geblieben, hätte er all seine Kräfte dieser Aufgabe gewidmet, anstatt schon nach kurzem wieder nach England zurückzukehren, um dort von neuem für seine Ideen agitatorisch tätig zu sein, der Ausgang des Unternehmens wäre doch vielleicht ein anderer gewesen. Owens Verhalten, die junge noch tief in den Kinderschuhen kommunistischer Bewirtschaftung steckende Gemeinde schon kurz nach ihrer Gründung sich selbst zu überlassen, war ohne Zweifel ein Fehler, und er hat es sich selbst zuzuschreiben, wenn er bei der Rückkehr nach New Harmony erfahren mußte, daß während seiner Abwesenheit individualistische, tief in der menschlichen Natur verankerte Bereicherungsgelüste über den nivellierenden, eigentumsfeindlichen Kommunismus einen unzweifelhaften Sieg davongetragen hatten.

Vom „Falle Owen" abgesehen, hat es indessen wirklich den Anschein, als ob ein gedeihlicher Kommunismus im Anfangsstadium seiner Entwicklung ohne die stramme Diktatur eines geschickten Organisators unmöglich sei. Auf diese Weise würden sich die Cabetschen Mißerfolge erklären. Cabet war leider alles andere, nur kein guter Organisator und Volkswirt. Mit einer glühenden Phantasie begabt, ließ er sich von diesem feurigen Rosse in lachende Gefilde tragen, unter Menschen, die mit kluger Einsicht tiefstes Wohlwollen ihren Mitbrüdern und Mitschwestern gegenüber verbanden, die, von atavistischen Rückschlägen frei, zum guten Wollen die gute schöpferische Tat gesellten. Aber als ihm dann in Nauvoo wirkliche Menschen mit all ihren Schwächen gegenübertraten, Menschen, wie sie jahrtausendelange Entwicklung geschaffen, nicht auf Flaschen gezüchtete Homunculi, als er, dem Fabelreiche der Phantasie mit rauher Hand entrissen, sich vor allerlei praktische Aufgaben gestellt sah, versagte er völlig. Cabet war ein Träumer, zum Organisator und Führer fehlte ihm jedoch so gut wie alles.

Und bei seinen Anhängern wie bei denen Fouriers war es ähnlich. Er fehlte unter ihnen an entschlossenen, willensstarken Persönlichkeiten, fähig, die Zügel der Gemeinderegierung fest in die Hand zu nehmen. Kein Wunder also, daß die Zahl der Cabetistischen und Fourieristischen Fehlschläge in den Vereinigten Staaten eine stattliche Höhe erreicht. Noyes, den Nordhoff zitiert,[132]) zählt deren nicht weniger als 47 auf, darunter ein Dutzend Phalanxen, unter denen die nordamerikanische Phalanx, die Wisconsin-

Phalanx und die vielgenannte Brook-Farm die bedeutendsten waren.[133])

Eine der interessantesten auf Fourierschen Prinzipien basierenden Gründungen ist ohne Zweifel die 1870 von dem Franzosen Boissière in Kansas errichtete Prairie Home Colony. Als Hauptbeschäftigung der Bewohner der Siedlung war die Seidenindustrie vorgesehen, zu welchem Zwecke 10 000 Maulbeerbäume angepflanzt wurden. Die Versorgung der Glieder sollte durch einen Fourierschen Großhaushalt unter völliger Wahrung persönlicher Freiheit erfolgen. Um jede Schablone nach Möglichkeit zu vermeiden, sollte auch die Ausstattung der Privaträume dem individuellen Geschmacke jedes einzelnen überlassen bleiben. Die Beköstigung sollte zu Herstellungspreisen geschehen, da der Gründer nur beabsichtigte, das Unternehmen selbsterhaltend zu gestalten. Auch dieses Unternehmen zerschlug sich, und allmählich schliefen, entmutigt durch die zahlreichen Mißerfolge, die Fourieristischen Reformbestrebungen ein, um anderen mehr auf dem Boden der Wirklichkeit stehenden, an gegebene Verhältnisse anknüpfenden Unternehmungen Platz zu machen. Ein starker Einfluß Fouriers auf die Entwicklung der genossenschaftlichen Bewegung in den Vereinigten Staaten läßt sich jedoch trotz dieser Fehlschläge nicht wegleugnen.

Selbstverständlich ist, daß sich die hauswirtschaftlichen Zentralisationsbestrebungen Amerikas nicht auf diese Versuche äußerer Kolonisation beschränken. Hier im Lande des großen Maßstabs, der Zentralisation par excellence, wo der Wirtschaftsbetrieb geradezu nach dem Großbetriebe schreit, mußte der Gedanke hauswirtschaftlichen Kollektivbetriebs auch ohne Beeinflussung von außen fruchtbaren Boden finden.

Wie überall trat auch in den Vereinigten Staaten die Frage kollektivistischer Hauswirtschaft in enger Verbindung mit der Wohnungsfrage auf. In der Mehrzahl der amerikanischen Städte lagen zwar im allgemeinen die Wohnverhältnisse besser als in Europa dank des sogar in Riesenstädten wie Philadelphia herrschenden Cottagesystems, ein Umstand, der wahrscheinlich auf die bereits in den dreißiger Jahren des neunzehnten Jahrhunderts in Philadelphia erfolgte Gründung von Bau- und Spargenossenschaften zurückzuführen sein dürfte.[134]) Hier waren „Slums", wie sie sich in fast allen englischen Städten gleichviel welcher Größe breit machten, überhaupt nicht vorhanden. Waren demnach mittlere amerikanische Städte vom Wohnungselend fast frei, so trat dieses in umso schärferer Form in einigen der größten: New York,[135]) Boston, Cincinnati zutage. Nachdem nun wie in England durch drastische Schilderungen die allgemeine Aufmerksamkeit auf diese wunde Stelle am amerikanischen Wirtschaftskörper hingelenkt worden war, setzte eine mächtige Bewegung, an deren Spitze sowohl einzelne Personen[136]) als Baugesellschaften traten, zur Bekämpfung dieser Zustände ein. Dieses Eingreifen konnte aber natürlich nicht geschehen, ohne daß nicht auch zugleich das namenlose hauswirtschaftliche Elend gewisser Kreise bloßgelegt wurde. Und von der Erkenntnis, daß Tausende und aber Tausende von Menschen unter den unglaublichsten hauswirtschaftlichen Verhältnissen physisch und geistig verkümmerten zu dem Wunsche, diese Zustände durch alle zu Gebote stehenden Mittel so schnell wie möglich zu beseitigen, war natürlich der Weg nicht allzu weit.

So wurden 1887 von der „Tenement House Building Company" Häuser gebaut, die nicht nur hygienischen Anforderungen voll entsprachen, sondern auch einen Kindergarten zum Zwecke kollektivistischer Kinderpflege und -überwachung enthielten.[137]) Die segensreiche Wirkung dieser Neuerung nicht nur auf die Kinder selbst, sondern auf die gesamte umwohnende Bevölkerung, wurde seitdem in zahlreichen Berichten rühmend hervorgehoben. Außerdem ließ sich die Gesellschaft die Einrichtung von gemeinsamen Wasch- und Plätträumen, die für den hauswirtschaftlichen Betrieb vieler Familien eine sehr wesentliche Entlastung bedeuteten, angelegen sein.[138])

Angesichts dieser vielversprechenden Anfänge war es nur ein weiterer Schritt vorwärts auf der gleichen Bahn, als Reynolds 1893 den Vorschlag machte, auch die Speisenzubereitung weiter Bevölkerungskreise zu zentralisieren. Hat früheren Bestrebungen gegenüber Reynolds unstreitig das Verdienst, den Gedanken hauswirtschaftlichen Großbetriebs von allem fremden Beiwerk entkleidet, auf rein ökonomische Grundlage gestellt, ihn gleichsam „amerikanisiert" zu haben, so liegt jedoch kein Grund vor, ihm, wie es Reynolds selbst tat, die Vaterschaft des Gedankens zuzuschreiben. Reynolds hätte nur in einer gut ausgestatteten Bibliothek, an denen ja bekanntlich in den Vereinigten Staaten kein Mangel ist, sich die Schrift von Bellers oder irgendeins der Owenschen Bücher geben zu lassen brauchen, und seine naive Entdeckerfreude wäre von besserer Erkenntnis in nichts zerronnen. Denn welchen wesentlichen Unterschied macht es wohl aus, ob die vorgeschlagene Zentralküche sich in einer abseits vom großstädtischen Getriebe befindlichen Siedlung oder im Erdgeschoß einer Großstadtkaserne befindet? Oder sieht Reynolds die wesentliche Neuerung in der Beförderung der Speisen mittels Aufzugs in die verschiedenen Stockwerke, so daß die Speiseneinnahme in den einzelnen Wohnungen erfolgen kann. So sehr wir geneigt sind, isolierter Speiseneinnahme eine hohe Bedeutung beizumessen, eine Berechtigung Reynolds, sich aus diesem Grunde die Urheberschaft der Idee zuzuschreiben, können wir auch hierin nicht erblicken, besonders da ja auch schon Owen durchaus nicht starr am Prinzipe gemeinsamer Speiseneinnahme festhielt. Kurz, von wievielen Seiten man auch die Sache betrachtet, von der vermeintlichen Vaterschaft Reynolds bleibt nur wenig übrig. Ja, selbst den Schritt, der die Frage wirklich vorwärts gebracht hätte, das Prinzip hauswirtschaftlichen Großbetriebs auch auf bessergestellte Kreise in Anwendung zu bringen, hat Reynolds nicht getan. Auch er denkt bei Durchführung der Reform besonders an die unteren Volksschichten, ja vor allen Dingen an die ärmsten der Armen, die Unterstützungsbedürftigen, und überließ es anderen, hauswirtschaftlichen Reformplänen eine weitere Ausdehnung zu geben.

Sind nun auch die Vereinigten Staaten nicht das Mutterland des Gedankens, als kräftige Förderer desselben haben sie sich ohne Zweifel erwiesen. Das zeigt sich besonders in der Fürsorge, die man an vielen Orten der hauswirtschaftlichen Versorgung lediger Personen zuteil werden ließ. In der Erkenntnis, daß in Amerika die Versorgung der unverheirateten Arbeiter, deren Zahl übrigens hier erheblich höher ist als in Europa, in den überaus zahlreichen Pensionen meist unendlich viel zu wünschen übrig läßt, schuf man Einrichtungen, die der Ausbeutung alleinstehender Arbeiter und Arbeiterinnen durch Pensionsinhaber und Zimmervermieterinnen ein Ziel setzten. So entstanden die Arbeiterinnen-Kolonie zu Lowell, die Pensionsanstalt für ledige Arbeiterinnen der Chapinschen Spinnerei und Weberei, auch Pacific-Mills genannt, in Lawrence, Massachusetts, wo die Arbeiterinnen schon vor fünfzig Jahren für ein Drittel ihres Lohnes vollständige Pension, nämlich Wohnung, Beköstigung, Heizung, Beleuchtung, Reinigen der Wäsche, erhielten.[139])

Was freilich die in den letzten Jahrzehnten zahlreich entstandenen „Heime" für Fabrikarbeiterinnen betrifft, so sind sie nach dem Urteile kompetenter Persönlichkeiten[140]) durchaus nicht einwandfrei. Am meisten wird über die allzu weitgehende Beschneidung der individuellen Freiheit der jungen Mädchen geklagt. Eine auf die Spitze getriebene Ueberwachung bringt es mit sich, daß manche dieser „Heime" mit Gefängnissen eine ganz verzweifelte Aehnlichkeit haben. Und was die Speisung in den meist überaus nüchternen, den Gesetzen der Aesthetik oft in jeder Weise hohnsprechenden Speiseräumen betrifft, so scheint es, als ob in vielen dieser „Heime" die Ernährung der jungen Mädchen arg vernachlässigt werde. Das gilt ganz besonders für viele der sogenannten „basement dining rooms", in denen man ihnen nur zu häufiig minderwertige und schlecht zubereitete Speisen verabfolgt.[141]) In andern Heimen entsprechen Beleuchtung und Heizung nicht den Anforderungen, die an ein seinen Zwecken entsprechendes Heim zu stellen sind. Fast fünfzig Prozent der Räume, die die Mädchen, je nach Bezahlung, mit einer oder auch mehreren Genossinnen teilen, erwiesen sich bei der Bosworthschen Untersuchung als unheizbar und entbehrten jeden Komforts.[142]) Soll also der Name „Home" nicht zum Spott werden, so scheinen durchgreifende Reformen des amerikanischen Heimwesens dringend geboten.

Wenn, wie in England, für kollektivistische Familienversorgung in Amerika bisher nur verhältnismäßig wenig geschehen ist — immer von auf kapitalistische Bereicherung ausgehenden, pensions- und hotelartigen Betrieben abgesehen — so ist der Hauptgrund für diesen Mangel wohl in dem auch in den Vereinigten Staaten weit verbreiteten Einfamilienhaus-System[143]) zu suchen. Daß sich aber auch dieses System zur Gründung hauswirtschaftlicher Großbetriebe eignet und Verhältnisse schafft, unter denen sich die Umgestaltung von Einzel- in Oekonomiats-Bewirtschaftung ohne große Schwierigkeiten vollziehen läßt, dieser Gedanke scheint merkwürdigerweise dem sonst so praktischen, äußerster Zeit- und Kraftersparnis gewaltig das Wort redenden Amerikaner noch nicht gekommen zu sein. Anzunehmen ist jedoch, daß in Amerika mit Erstarkung des Siedlungsgedankens auch der kollektivistischer Hauswirtschaft auf genossenschaftlicher Grundlage erheblich an Boden gewinnen wird.

In Deutschland und seinen Nachbarländern, der Schweiz und Oesterreich, fand der Gedanke hauswirtschaftlicher Zentralisation verhältnismäßig spät Eingang. Diese Tatsache erscheint umso verwunderlicher, da gerade die Erfolge der deutschen Ansiedler in den Vereinigten Staaten die günstige Veranlagung bestimmter Schichten des deutschen Volkes für diese gesellschaftlich gebundene Lebensweise unzweifelhaft bekunden.

Ueberdies war dem Gedanken in Victor Aimé Huber ein überaus beredter Anwalt erstanden, wenn auch dessen Anschauungen in verschiedenen Punkten nicht unwesentlich von denen seiner englischen und französischen Vorgänger abwichen. [144]) In zahlreichen Schriften und Vorträgen betonte Huber immer wieder den hohen ökonomischen Wert genossenschaftlicher Assoziation im allgemeinen und den hauswirtschaftlichen Kollektivbetriebs im besonderen. So sehr er jedoch für eine Zentralisierung der Nebengebiete der Hauswirtschaft plädiert, von gemeinsamer Speisenzubereitung will er nichts wissen, und zwar deshalb, weil nach seiner Meinung „die Besorgung der Küche durch die Hausfrau ein wesentliches Stück des selbständigen Familienlebens ist, an dem sehr tiefgreifende sittliche Momente desselben hängen.[145]) Ja, Huber geht sogar soweit, Bedenken gegen gemeinsame Waschhäuser zu erheben unter der Begründung, daß die besondere Feuerstelle der Familie auf alle Fälle erhalten bleiben müsse. Der Beweis für den inneren Zusammenhang zwischen Kochtopf und Familiensittlichkeit ist uns Huber leider schuldig geblieben. Schade. Es wäre sicher nicht uninteressant gewesen, neue kühne Ideenverbindungen kennen zu lernen.

Ein besonderes Verdienst Hubers ist es, neben der Notwendigkeit äußerer Kolonisation, wobei er jedoch weniger an außereuropäische als an eine solche an der unteren Donau dachte, auf die weit dringendere im Innern des Landes mit größtem Nachdruck hingewiesen zu haben.[146]) Und weiter hat er sich dadurch verdient gemacht, daß seine Schriften, besonders seine Reisebriefe, die Kenntnis von allem, was in anderen Industriestaaten auf diesem Gebiet bereits geschehen war, in Deutschland vermittelten und dadurch vielfach den Anstoß zu ähnlichem Vorgehen gaben. Trotz seiner Bemühungen um Assoziationsbestrebungen jeder Art setzte jedoch die Bewegung anfangs nur langsam ein.

Was zunächst Reformbestrebungen angeht, die der Initiative von Arbeitgebern ihre Entstehung verdanken, so glaubten die meisten Großindustriellen, auch fernerhin ihrer Pflicht als Arbeitgeber Genüge getan zu haben, wenn sie ihren Arbeitern mit der Zeit zu menschenwürdigen Wohnungen verhalfen. Nur wenige erkannten schon früh die Notwendigkeit, auch deren nicht weniger trostlose hauswirtschaftliche Verhältnisse ins Bereich ihrer Reformbestrebungen zu ziehen.

Eins der besten Beispiele hauswirtschaftlicher Arbeiterfürsorge aus älterer Zeit ist das Arbeiterquartier zu Kuchen in Württemberg, das 1858 von dem Besitzer der dortigen Baumwollspinnerei und Weberei A. Staub gegründet und mit zahlreichen Zentralisationsräumen, wie Bade- und Waschräumen, Speisesälen und einer Kinderbewahranstalt ausgestattet wurde und in einem größeren Hause auch für die Versorgung der ledigen Arbeiter Sorge trug. Von besonderem Interesse, seiner Aehnlichkeit mit der Anlage und den Einrichtungen des Familistère zu Guise wegen, war der Kolonisationsplan der Herren Funk und Huek in Hagen, ein Plan, der leider nur teilweise zur Ausführung gelangte.

Seitdem sind die hauswirtschaftlichen Arbeiter-Fürsorge-Bestrebungen auch in Deutschland unendlich zahlreich geworden.[147]) Das Erstaunlichste und Vollkommenste auf diesem Gebiete ist ohne Zweifel in Essen geschaffen worden. Die Anfänge der Kruppschen Fürsorge-Bestrebungen liegen weit zurück. Schon vor einem halben Jahrhundert, auf der Pariser Weltausstellung von 1867, wurde Friedrich Krupp für seine Arbeiter - Wohlfahrtseinrichtungen mit einem Preise bedacht.[148]) Als besonders verdienstvoll wurden schon damals seine Kosthäuser für Ledige und seine Bäckerei, die das Brot fünfzehn Prozent unter dem gewöhnlichen Verkaufspreise lieferte, hervorgehoben. Seitdem sind Friedrich Krupp und seine Nachfolger auf dieser Bahn stetig weitergeschritten. Welche Ausdehnung diese hauswirtschaftlichen Reformbestrebungen während des Weltkrieges angenommen und welchen Grad der Vollkommenheit die hier geschaffenen Einrichtungen erreicht haben, davon gibt uns eine Beschreibung der Essener Zentral-Kriegsküche II, wie sie Dr. Ing. R. Poensgen im „Gesundheitsingenieur" veröffentlicht hat,[149]) eine lebhafte Vorstellung. Besonders bemerkenswert ist dabei die weitgehende Verwendung hauswirtschaftlicher Maschinen, wie Kartoffelschälmaschinen, Zerkleinerungsmaschinen für Kohlköpfe, Rüben und Fleisch, Häckselmaschinen zum Zerschneiden von Blattgemüse. Die oft gehörte Behauptung, daß sich die Küchenwirtschaft zu maschinenmäßigem Betriebe wenig eigne, hat hierdurch aufs neue, natürlich immer unter der Voraussetzung, daß diese Bewirtschaftung in möglichst großem Maßstabe erfolgt, eine glänzende Widerlegung erfahren.

Ueberaus zahlreich sind in den großen Industriebezirken Deutschlands, besonders in den Rheinlanden und Westfalen, die Einrichtungen für Ledigen-Fürsorge geworden. Sie sind in Heimen und Kosthäusern in die Erscheinung getreten. Eins der größten dieser Heime ist das Männerheim des Bochumer Vereins für Bergbau und Gußstahlfabrikation. Es besteht aus zwei großen Gebäuden, einem Logier- und einem Kosthaus, und ist imstande, die hauswirtschaftliche Versorgung von nicht weniger als 1500 ledigen Arbeitern zu übernehmen.[150]) Von Einrichtungen der Fürsorge für Fabrikarbeiterinnen, die auf dem langen Leidenswege von Schlaf- und Kostgängertum Gelegenheit hatten, hauswirtschaftliches Elend und eine notorische Ausbeutung durch Logiswirte und -wirtinnen von Grund aus kennen zu lernen, sind als eine der ältesten eine schweizer Unternehmung zu nennen. Es ist dies die Pensionsanstalt für Arbeiterinnen von Richter-Linder auf dem Schorren bei Basel, die bereits in den vierziger Jahren gegründet wurde.[151]) Als deutsche Gründung neueren Datums verdient Erwähnung das Arbeiterinnenheim von Johann Wülfing und Sohn zu Lennep.[152])

Weitere Bestrebungen, eine Zentralisierung der hauswirtschaftlichen Versorgung junger Mädchen in die Wege zu leiten, gingen von Haushaltungsschulen aus. Nachdem diese anfangs nur die Beköstigung ihrer Schülerinnen übernommen hatten, erkannten sie gar bald die Notwendigkeit, dieselben durch Gewährung voller Pension den Händen ihrer Zimmerwirtinnen, die durch den Wegfall des bei der Beköstigung der jungen Mädchen erzielten Verdienstes nicht wenig erbittert waren, ein für allemal zu entreißen.

Ein Anfang kollektivistischer Familienversorgung wurde in Frankfurt a. M. durch Gründung eines Witwerheims gemacht.[153])

In Oesterreich sind es namentlich zwei Unternehmungen aus älterer Zeit, in denen das Prinzip hauswirtschaftlicher Zentralisation eine weitgehende Durchführung gefunden hat: Die von Heinrich Drasche, der in verschiedenen Teilen Ungarns und Niederösterreichs, wo er Steinkohlengruben und Ziegelfabriken besaß, Zentralisationsgebäude, wie Schlacht-, Wasch- und Badehäuser, Speise- und Kinderbewahranstalten, einrichten ließ, und diejenige von

Johann Liebig in Reichenberg in Böhmen, der, um seinen Arbeitern zu besserer und billigerer Nahrung zu verhelfen, eine Bäckerei auf genossenschaftlicher Grundlage und eine nach ökonomischen Grundsätzen geleitete Kochanstalt schuf.

Die Bestrebungen hauswirtschaftlicher Reform in der Schweiz erstreckten sich anfangs namentlich auf die Gründung von Konsumvereinen, die hier sehr bald nach dem Vorgehen Englands Eingang fanden und sich wie überall zunächst auf den Engroseinkauf weniger Waren, wie Kartoffeln, Brennholz, beschränkten, später aber auf alle Hauptarten von Nahrungsmitteln, ja auch auf Kleidungsstücke, ausgedehnt wurden. Daran schlossen sich später weitere Zentralisationsbestrebungen, wie die Gründung von Fabrikküchen, Suppenanstalten, Milchwirtschaften, während die Errichtung von Bädern vielfach an dem Widerstande der Arbeiter scheiterte. Ging die Initiative zur Gründung dieser Unternehmungen anfangs von Arbeitgebern aus, so nahmen die Arbeiter später die Sache selbst in die Hand und gründeten auf eigenes Risiko Konsumvereine, Aktienbäckereien, Speisegesellschaften, Volksküchen.[154])

Was Berlin angeht, so haben hauswirtschaftliche Zentralisationsbestrebungen bisher noch nicht rechten Fuß fassen wollen. Anfänge kollektivistischer Hauswirtschaft sind zwar bereits vor mehreren Jahrzehnten in den Unternehmungen des Berliner Bau- und Sparvereins, der zum Zwecke finanzieller Fundierung eine Verbindung mit Konsumvereinen einging, zutage getreten. So gehörte zu den Einrichtungen seiner Gründung auf der Sickingenstraße ein unentgeltliches Zentralbad.

Auch ein Versuch, das Prinzip hauswirtschaftlichen Kollektivbetriebs auf bessergestellte Kreise der Bevölkerung auszudehnen, ist zu verzeichnen. Die Anregung ging von Lily Braun aus. Das Unternehmen kam auch zustande, scheiterte jedoch schon nach kurzem Bestehen, wohl hauptsächlich deshalb, weil seine Durchführung in zu kleinem Maßstabe erfolgt war.

Andere auf individualistisch-kapitalistischer Grundlage geschaffene hauswirtschaftliche Großbetriebe, wie die Einküchenhäuser zu Groß-Lichterfelde-West und Friedenau,[155]) erfreuen sich zwar heute noch ihres Daseins, kranken aber am Großhaussystem und lassen natürlich kein Urteil zu über den Wert und die ökonomischen Vorteile auf genossenschaftlicher Grundlage basierender Kleinhaus-Unternehmungen.

Wie leicht sich das Kleinhaus-Oekonomiat in der Umgebung Berlins verwirklichen ließe, das zeigen uns die Kleinhauskolonie der Baugenossenschaft „Ideal" zu Britz bei Berlin, die vielgerühmte staatliche Gartensiedlung Staaken bei Spandau,[156]) das beweisen die Vorschläge von Franz Oppenheimer und anderen Sozialökonomen, von Peter Behrens, der in seiner vor kurzem erschienenen Schrift[157]) die Vereinigung von Flachsiedlung und Etagenhaus und die Schaffung gemeinschaftlicher Einrichtungen in den zu gründenden Gartensiedlungen befürwortet und dessen Pläne ja demnächst in der „Waldsiedlung Berlin-Lichtenberg" in der Wuhlheide zur Ausführung gelangen sollen. Merkwürdig ist die Uebereinstimmung, die bei den verschiedenen Schriftstellern, von Owen angefangen bis zu Behrens, über die Größe der zu schaffenden Kolonien herrscht, Da dieser vorschlägt, ungefähr 300—500 Kleinwohnungen in einer Siedlung zu vereinen, so kämen wir damit abermals, im Durchschnitt vier bis fünf Personen auf die Wohnung gerechnet, auf die Owensche Siedlungs-Bevölkerungsziffer von ungefähr 1800—2000 Personen.

Und daß sich Oekonomiatsgründungen auch unter den jetzigen erschwerten wirtschaftlichen Verhältnissen durchführen ließen, das beweist die Ausstellung „Sparsame Baustoffe" im Zoo,[158]) die auch beim Häuserbau den Großbetrieb befürwortet und die Wege zeigt, wie auch bei beschränkten finanziellen Mitteln etwas Zweckmäßig-Schönes geschaffen werden kann. Die Mittel zur Verwirklichung des Gedankens hauswirtschaftlichen Großbetriebs sind gegeben. Die Wege, die trotz tiefster deutscher Wirtschaftsnöte zum Ziele führen dürften, liegen offen vor uns. Möchten sie zur Entlastung und Stärkung unserer darniederliegenden Volkswirtschaft so bald wie möglich beschritten werden.

IX.

Enge Verknüpfung mit der Wohnungsfrage.

Der Verwirklichung des Gedankens hauswirtschaftlichen Kollektivbetriebs stellen sich allerlei Schwierigkeiten entgegen, die in seiner engen Verknüpfung mit der Wohnungsfrage begründet sind. Sie ist, sollen die ökonomischen Vorteile zentralisierter Hauswirtschaft voll zur Geltung gelangen, kaum ohne radikale Wohnungsreform denkbar.

Gewiß ist als Uebergangsmaßnahme mit einer Anpassung des Reformgedankens an die gegebenen Wohnungsverhältnisse zu rechnen, aber eine in jeder Weise befriedigende Lösung der beiden eng verknüpften Probleme wird kaum durch Flickwerk am alten Wohn- und Haushaltssystem, sondern einzig und allein durch eine grundlegende Neuorganisation zu erzielen sein. So sehr es nun vom sozialen Standpunkt aus zu bedauern ist, daß eine radikale Wohnungsreform noch nicht zur Durchführung gelangt ist, für die hauswirtschaftliche Reform liegt in dieser Verzögerung ein günstiger Umstand, da sie im andern Falle vielleicht auf Jahrzehnte hinaus den Anschluß versäumt hätte.

Angesichts der dringenden Notwendigkeit einer Verbesserung der städtischen Wohnverhältnisse begreift man kaum, daß sich bisher noch keine Stadtverwaltung entschließen konnte, eine Wohnungsreform in großem Maßstabe in die Wege zu leiten und gegebenenfalls durch gesetzliche Maßnahme zu erzwingen. Statt planvoller, zielbewußter Anlage der Gebäudekomplexe ein plan- und zielloses Drauflosbauen, das zuweilen wahre Städtemonstren entstehen läßt. Liegt der Grund darin, daß es an geeigneten Reformplänen gefehlt hat? Gewiß nicht. Außer Vorschlägen, die eine teilweise Lösung des Problems zu erreichen suchen, haben vereinzelte kühne Wohnungspolitiker eine Gesamtlösung der Frage angestrebt. So hat z. B. Karl Scheffler einen Großstadtplan entworfen, der viel Bestechendes hat. Dieser Plan will das Zentrum der Großstadt fast ausschließlich dem Handel und Verkehr vorbehalten, den engeren Kreis der Vorstädte dem Wohnbedürfnis derer zur Verfügung stellen, welchen ihr Beruf das gesündere Wohnen im entfernteren Vorort nicht gestattet, und endlich die weitere Umgebung der Großstadt der Anlage von Gartenstädten vorbehalten, die sich um Schulen, Behörden oder große industrielle Unternehmungen zu gruppieren hätten.

Daß diese reinliche Scheidung und besonders die Verlegung industrieller Großbetriebe in den weiteren Umkreis der Großstädte vieles für sich hätte, unterliegt wohl kaum einem Zweifel. Die Befreiung der Stadtzentren vom Industriebetrieb würde der Menschheit neue soziale Perspektiven eröffnen. Sie wäre imstande, eine der Hauptschwierigkeiten, die sich der Gründung von Oekonomiaten für Arbeiterkreise entgegenstellen dürfte, mit einem Schlage zu beseitigen. Für derartige Unternehmungen wird in den meisten Fällen nur ein billiger Vorort infrage kommen. Nun ist es eine bekannte Tatsache, daß die Mehrzahl der Arbeiter ein Wohnen fern von der Arbeitsstätte scheut. Wandert jedoch die Fabrik hinaus in den Vorort, so folgt der Fabrikarbeiter natürlich ihrem Beispiel, und die Möglichkeit, an geeigneter Stelle zweckentsprechende Arbeiter-Oekonomiate zu gründen, ist ohne weiteres gegeben, ohne daß man sich genötigt sähe, den Erfolg der Gründung von allerlei selbst noch der Verwirklichung harrenden Nebenumständen, wie Schaffung billiger Transportmittel, abhängig zu machen. Eine andere Schwierigkeit der Gründung von Vororts-Oekonomiaten, die zu lange tägliche Arbeitszeit, ist ja durch die jüngsten Ereignisse beiseite geräumt worden.

Nebenbei bemerkt: Wenn hier von Arbeiter-Oekonomiaten gesprochen wird, so soll damit nicht etwa einer kastenmäßigen Trennung von Berufsständen oder Bevölkerungsschichten das Wort geredet werden, sondern es soll dadurch nur ungefähr angedeutet werden, im Hinblick auf welchen Geldbeutel die Oekonomiatsgründung erfolgen, mit anderen Worten, welcher Kostenfuß bei der Anlage maßgebend sein soll.

Bis zu dem Zeitpunkte aber, da diese völlige Verpflanzung der Industrie in die Umgebung der Großstadt aus der Sphäre der frommen Wünsche ins Bereich der Wirklichkeit tritt, dürfte es jedenfalls eine der vornehmsten Aufgaben von Staat und Kommune sein, durch Schaffung wohlfeiler Beförderungsmittel der Vortscheu weiter Bevölkerungskreise noch mehr als bisher entgegenzutreten.

Es fragt sich nun: Wann wäre wohl der geeignetste Zeitpunkt, eine Verwirklichung der Doppelreform in Angriff zu nehmen. Es wäre müßig, darüber streiten zu wollen, welche der beiden Reformen am dringendsten geboten erscheint. Auf beiden Gebieten herrscht eine Krise, die an Schärfe nichts zu wünschen übrig läßt, so daß nur ein energisches Vorgehen in beiden Fragen, und zwar je eher, desto besser, eine Rückkehr erträglicher Lebensverhältnisse verspricht.

Es ergeben sich nun für die Durchführung der Doppelreform zwei Möglichkeiten: Entweder dem wahrscheinlich noch längere Zeit anhaltenden Mangel an Rohmaterialien Rechnung zu tragen und sich vorläufig mit einem Kompromiß, nämlich der Anpassung bestehender Baulichkeiten an den Reformgedanken, zufrieden zu geben oder von einer derartigen, zwar den dringendsten Bedürfnissen entgegenkommenden, aber durchaus unzureichenden Durchführung der Reform abzusehen, um eine befriedigende Lösung der Frage zu dem Zeitpunkte anzustreben, da es möglich wäre, die Doppelreform von Grund aus in die Wege zu leiten.

Gesetzt den Fall, man zöge eine radikalere Lösung in späterer Zeit einer den Augenblicksbedürfnissen der Gegenwart Rechnung tragenden vor, so würde das jedoch kein Grund sein, die Hände nun untätig in den Schoß zu legen und die Sache auf die lange Bank zu schieben. Ein Anbahnen der Reform wäre auch in diesem Falle schon jetzt nicht nur wünschenswert, sondern dringend notwendig. Diese vorbereitende Tätigkeit hätte namentlich in der Schaffung einer möglichst gesicherten finanziellen Grundlage, sei es durch den Staat oder die Gemeinde, sei es durch Aktiengesellschaften oder Oekonomiatsgenossenschaften, zu bestehen, da sich ein frühzeitiger Ankauf der zur Oekonomiatsgründung nötigen Ländereien überaus empfehlen dürfte. Bis zum Zeitpunkte der Verwendung des gekauften Baugrundes zu seinem eigentlichen Zwecke wäre eine angemessene Verzinsung der Kaufsumme durch Verpachtung des Terrains als Gemüseland sicher nicht schwer zu erzielen. Die eigentliche Durchführung des Reformplanes wäre dann bis zu dem Zeitpunkte aufzuschieben, da uns wieder Rohmaterialien in genügendem Maße zur Verfügung stehen.

Es gilt nun, zu prüfen, welche Bauweise, ob Groß-, ob Kleinhausbau, sich zur Verbindung mit zentralisierter Hauswirtschaft am besten eignen dürfte.

Auf den ersten Blick könnte es scheinen, als sei hierüber kein Zweifel möglich, als sei zur Oekonomiatsgründung das Groß- dem Kleinhaus entschieden vorzuziehen, da sich hier ohne die geringste Schwierigkeit ein direkter und überaus bequemer Anschluß der einzelnen Wohnungen an die Zentrale herstellen läßt. Es genügt, die einzelnen Stockwerke durch Aufzüge miteinander zu verbinden, um Speisenbeförderungs-Schwierigkeiten mit einem Schlage zu beseitigen.

Ist dieser Vorteil an und für sich nicht unwesentlich, so ist er aber auch der einzige, der inbezug auf hauswirtschaftliche Reformzwecke zugunsten der Mietkaserne spricht. Von diesem einen Punkte abgesehen, ist es also vom Standpunkte hauswirtschaftlicher Reform gleichgültig, ob man bei ihrer Durchführung zum Groß- oder Kleinhausbau greift. Stellen wir uns aber auf den Standpunkt der Wohnreformer, so sind die Vorteile des Kleinhauses unter bestimmten Verhältnissen, deren Schaffung in der Hauptsache in der Hand der Gesellschaft liegt, so ungeheuere, daß Baumeister, Sozialpolitiker und Volkswirte schon zu unzähligen Malen die Frage erörtert haben, ob man nicht gut täte, den Großhausbau unserer Städte nach englisch-amerikanischem Muster auf das allergeringste Maß zu beschränken.

Der Hauptnachteil des Großhauses besteht in der bei diesem Bausystem kaum zu vermeidenden häufigen Berührung der Hausbewohner, wobei eine Fülle von Reibungsflächen entstehen, die den Hausfrieden bedrohen und imstande sind, ihn jederzeit in sein Gegenteil umschlagen zu lassen. Soll die überaus wünschenswerte Isolation der Hausbewohner auch beim Großhaussystem erzielt werden, so müßten findige Baumeister Umschau halten nach einem System, das etwa nach Art der schon erwähnten an den Bauten der „Metropolitan Society“ und anderer Gesellschaften mit Erfolg angewendeten „Open staircase principle“ geeignet wäre, das durch das Großhaussystem bedingte Zusammentreffen der Hausbewohner auf ein Minimum zu reduzieren.

Zu diesem Hauptnachteil des Großhauses gesellt sich ein zweiter, ebenfalls nicht unwesentlicher. Es ist bekannt, daß weite Kreise der Bevölkerung in ewiger Angst vor Kündigung und Steigerung durch den Hauswirt dahinleben und daß die Rast- und Ruhelosigkeit gewisser Volksschichten in ihrem ewigen Wohnungswanderdasein der Ahasvers, des ewigen Juden, kaum etwas nachgibt. Diesem Uebelstande abzuhelfen und seinen Arbeitern den Besitz guter Wohnungen dauernd zu sichern, hat Dollfus, der schon erwähnte Hauptgründer der Mühlhausener „Cité ouvrière“ sein vielgenanntes sich in Owenschen Spuren bewegendes Eigentumserwerbssystem geschaffen. Hat es diesem Prinzipe auch nicht an Gegnern gefehlt, die darauf hinwiesen, daß ein derartiges Fesseln an die Scholle nicht im Interesse des Arbeiters liege, dem durch das Gebundensein an ein bestimmtes industrielles Unternehmen wenig gedient sei, der hohe soziale Wert dieses Systems, das schon manchen verbummelten Kneipenstammgast, der das Brot seiner Kinder in flüssigem Zustande durch die Kehle jagte, in einen häuslichen, sparsamen, sich im stolzen Gefühle eignen Besitzes sonnenden Menschen verwandelte, steht über allem Zweifel. Haben die Bekämpfer des Eigentumserwerbsprinzips inbezug auf den ledigen Arbeiter, der noch mitten in der Entwicklung steht, der möglichst viel Erfahrungen sammeln und sich, wenn irgend angängig, in der

Welt umsehen soll, in dessen Interesse es daher in der Tat kaum liegen dürfte, sich an irgendeinem Fleckchen unserer Mutter Erde festzuwurzeln, mit ihrer Gegnerschaft gewiß nicht unrecht, so liegen beim verheirateten Arbeiter die Dinge wesentlich anders. In dessen eigenem Interesse sowohl als in dem seiner Frau und seiner Kinder, deren geistige Entwicklung bekanntlich ungemein unter dem durch die ewige Wohnungswanderung herbeigeführten Schulwechsel leidet, scheint es u. E. ganz entschieden zu liegen, daß er durch ein festes Besitzband an die Scholle gefesselt wird, besonders, wenn das Unternehmen, dem er sich als Arbeitnehmer angeschlossen hat, ein sicheres, finanziell gut fundiertes ist.

Wir sind also der Ansicht, daß das Eigentumserwerbsprinzip auch noch heute für einen großen Teil der Arbeiterschaft nichts von seinem Werte eingebüßt hat, und jede hauswirtschaftliche Reform wird mit ihm zu rechnen haben. Für unsere Oekonomiate hat es aber noch den besonderen Vorteil, für eine gewisse Kategorie unter ihnen die feste Basis zu schaffen, ohne die der dauernde Erfolg derselben durch das ewige Kommen und Gehen von Oekonomiatsgliedern ernstlich infrage gestellt würde. Daß natürlich vereinzelte Abgänge von nur geringer Bedeutung für das Gedeihen des Ganzen sein würden, liegt auf der Hand. Nur einem dauernden Wechsel müßte irgendwie ein Riegel vorgeschoben werden, und das geschähe am besten, sowohl im Interesse der Oekonomiats-Verwaltung, als in dem seiner Mitglieder, durch Verknüpfung der hauswirtschaftlichen Reform bei Familienversorgung mit dem Eigentumserwerbsprinzip.

Die Erfahrungen der Berliner gemeinnützigen Baugesellschaft[159]) — nur in Schottland hat das System der „Flat-Propriety" (Wohnungs-Besitztum) einige rätselhafte Erfolge zu verzeichnen — haben nun aber zur Genüge erwiesen, daß das Großhaus zu einer derartigen Verbindung durchaus ungeeignet ist. Das klägliche Fiasko, das die Versuche der Gesellschaft auf diesem Gebiete ergaben, war übrigens vorauszusehen; denn wer fühlt sich wohl als Besitzer einer Sache, wenn Nachbar Hinz und Kunz auch ihren Anteil an dieser Sache haben und sich die Grenze seines Besitzanteils schwer feststellen läßt. Liegt es nicht gerade im Begriffe des Eigentums, daß ich innerhalb meines Besitzkreises keine fremde Willenssphäre dulde? Und wird nicht der Eigentumsbegriff direkt aufgehoben, wenn sich zwei Besitzeskreise derart schneiden, daß eine scharfe Abgrenzung unmöglich ist und ich in der Bestimmung über mein Eigentum jederzeit durch einen fremden Willen gehindert werden kann.

Ganz anders liegen die Dinge beim genossenschaftlichen Kollektivbesitz. Hier handelt es sich nicht um einen Teilbesitz, dessen Begriff schon sozusagen den Keim zu Meinungsverschiedenheiten in sich trägt, sondern um gemeinsames Eigentum, das Besitzstreitigkeiten von vornherein ausschaltet. Außerdem macht es einen erheblichen Unterschied aus, ob die Mitbesitzer im Begriffe einer unpersönlichen Genossenschaft zusammenfallen und erst in zweiter Linie in den Gliedern der Genossenschaft in greifbarer Gestalt auftreten oder ob ich es einzig und allein mit sehr konkreten nachbarlichen Mitbesitzern zu tun habe. So sehr sich also die Verknüpfung des Eigentumserwerbsprinzip mit dem Kleinhaus-Oekonomiat empfehlen dürfte, für das Großhaus-Oekonomiat scheidet sie ohne weiteres aus.

Inanbetracht dieser Umstände könnte man sich fragen: Wäre es nicht vielleicht das beste, das Großhaus-Oekonomiat ganz auszuschalten? Das hieße, eine sehr komplizierte, von den mannigfachsten Verhältnissen abhängende Frage rein theoretisch, gleichsam vom Dozierpult aus, entscheiden zu wollen. In bestimmten Fällen wird sich, teils aus finanziellen, teils aus volkswirtschaftlich-sozialen Gründen, die Verwendung des Großhaussystems bei der Gründung von Oekonomiaten auf keine Weise umgehen lassen. Rein finanzielle Gründe sind es, die das Großhaus-Oekonomiat befürworten an Orten, wo der Baugrund hoch im Preise steht. Wirtschaftlich-soziale Gründe geben den Ausschlag, wenn es sich um die Gründung von Oekonomiaten für alleinstehende Personen handelt, die in den meisten Fällen gewöhnt sind, sich mit einem Wohn-Schlafzimmer zu begnügen. Hier würden die Vorteile des Kleinhausbaues an und für sich weniger zur Geltung kommen, da man doch unmöglich Einzimmer-Häuser errichten könnte, man also doch wieder gezwungen wäre, mehrere Parteien in einem Hause zu vereinen. Der Zweck des Kleinhausbaues, möglichst zu isolieren, wäre daher bei seiner Verwendung für ledige Personen verfehlt, und der Großhausbau könnte ohne besondere Bedenken an Stelle des Kleinhauses treten. Uebrigens machen sich die Nachteile des Großhaussystems bei Versorgung alleinstehender Personen weniger fühlbar, da hier die vielen durch Kinder verursachten Reibungen, die unendlich oft den Anlaß zu Familienstreitigkeiten geben, in Wegfall kommen.

Außerdem empfiehlt sich das Großhaus-Oekonomiat bei der Versorgung fluktuierender Arbeitermassen, mit denen gewisse industrielle oder landwirtschaftliche Betriebe, deren Charakter und Zuschnitt die Verwendung einer seßhaften Arbeiterschaft verbietet, immer zu rechnen haben werden. Hier ist das Großhaus-Oekonomiat entschieden am Platze, besonders, da es sich bei diesen wandernden Arbeitermassen in den meisten Fällen außer um ledige Personen um solche verheiratete Männer handelt, die sich wohlweislich hüten, ihre Familie mit in den Strudel ihres Wanderdaseins zu reißen.

Nach dem Gesagten ergibt sich nun von selbst, in welchen Fällen — und das sind die bei weitem zahlreichsten — eine Verknüpfung zentralisierter Hauswirtschaft mit dem Kleinhaussystem den Vorzug verdient.

Doch ehe wir darauf näher eingehen: Wie steht es mit jener beim Kleinhaus-Oekonomiat zutage tretenden Schwierigkeit, eine direkte mechanische Verbindung zwischen den einzelnen Kleinhäusern und der Wirtschaftszentrale herzustellen? Uebrigens, wer weiß, vielleicht bringt uns die Zukunft auch diese einmal, sei es unter der Erde, sei es in der Luft. Diesem heute noch bestehenden Nachteil des Kleinhaus-Oekonomiats wäre durch Einrichtung eines Speisetransportwagen-Dienstes nach Art der ambulanten Küchen abzuhelfen. Jedenfalls wird er durch die großen Vorteile des Einfamilienhaus-Systems in überreichem Maße aufgehoben.

Worin nun diese Vorteile bestehen, das ergibt sich ohne weiteres aus dem über das Großhaus Gesagte. Zunächst kommen hier die zwischen Hausgenossen einer Mietkaserne so viel gefürchteten Reibungsflächen von vornherein in Wegfall, mag es sich nun um das völlig isolierte Kleinhaus oder um Häusergruppen handeln. In den meisten Fällen wird sich der gemeinsame Besitz auf den die Kleingärten trennenden Zaun und die verbindende Hauswand beschränken, beides Besitzteile, die nur bei besonders ränkesüchtigen Nachbarn Anlaß zu Streitigkeiten geben können.

Und weiter drängt der Kleinhausbau geradezu zur Verbindung mit dem Eigentumserwerbsprinzip, ein Umstand, dem wir, wie schon gesagt, eine ziemlich hohe Bedeutung für das Gelingen hauswirtschaftlicher Reform zuschreiben. Dabei brauchte man sich aber keineswegs auf eine Anwendung des Prinzips im Sinne individuellen Eigentumserwerbs zu beschränken. Es könnte außerdem auch in der Schaffung von Oekonomiaten auf Grundlage kollektivistischen Besitzes, die engsten Zusammenschluß ihrer Glieder anstreben, zum Ausdruck gelangen. Je nach den gegebenen Verhältnissen wird also in dem einen Falle, besonders bei finanziell günstiger gestellten Personen, der individuelle Eigentumserwerb, im andern Falle der kollektivistische Besitzerwerb einzutreten haben. Ob freilich die heutige Menschheit für das letzte System schon besonders gut geeignet ist oder ob nicht vielmehr ein stark ausgeprägter Familienindividualismus und -egoismus zugunsten des ersten auch heute noch schwer in die Wagschale fällt, das ist eine angesichts der ungeheuren äußeren und inneren Wandlungen unseres Volkes schwer zu entscheidende Frage. Wer will, wenn der Sturm ein Schiff auf wilden Wogen hin- und hertreibt, sagen, in welchem Hafen es einst landen werde?

Das Kleinhaussystem wird sich also im allgemeinen zu einer Verknüpfung mit der zu erstrebenden hauswirtschaftlichen Reform als das geeignetste erweisen. Ganz besonders wird dies der Fall sein bei Familienversorgung, billigem Baugrund und seßhafter Arbeiterschaft.

Was den ersten Punkt betrifft, so ist zu bemerken, daß es natürlich keiner alleinstehenden Person, die Lust verspürt, Besitzerin eines Kleinhauses zu werden, irgendwie erschwert werden dürfte, sich einem auf der Grundlage des Prinzips individuellen Eigentumserwerbs errichteten Kleinhaus-Oekonomiate anzuschließen. Weiter müßte selbstverständlich durch Gründung einzelner Kleinhaus-Oekonomiate ohne Kleinhaus-Kaufzwang auch den Wünschen derer Rechnung getragen werden, die prinzipiell gegen jeden Hauskauf sind. Der oben erwähnte Nachteil dieses Systems müßte dann durch langjährige Mietkontrakte möglichst gemildert werden.

Inbezug auf den zweiten Punkt: Schaffung billigen Baugrundes läßt das neue Siedlungsgesetz die Hoffnung berechtigt erscheinen, daß der Staat, der, wie wir noch im einzelnen zu zeigen gedenken, ein nicht geringes Interesse an der Doppelreform hat, Ländereien zu niedrigem Preise zum Zwecke der Verwirklichung der Reform der Bevölkerung zur Verfügung stellt. Zu keiner Zeit ist diese bisher verkannte Staatspflicht, in Zeiten wirtschaftlicher Krisen durch geeignete staatliche Maßnahmen die Rückkehr normaler Zustände zu beschleunigen, eine so dringende gewesen als gerade jetzt. Zieht der Staat alle Forderungen, die eine mächtige, alle früheren staatsökonomischen Berechnungen über den Haufen werfende Gegenwart an ihn stellt, genügend inbetracht, so findet er wohl Mittel und Wege, dem starken Bedürfnis des Volkes nach billigem oder kostenlosem Bauland entgegenzukommen.

Und endlich: Das Geeignetsein des Kleinhausbaus für seßhafte Arbeiterschaft. Wie hoch die Unternehmer diesen Vorteil des Kleinhausbaues schon vor Jahrzehnten einschätzten, darauf glauben wir im geschichtlichen Teil zur Genüge hingewiesen zu haben. Und was die Gegenwart betrifft, so wird der Staat, der sich ja mit überraschender Schnelligkeit zum Großunternehmer entwickelt und dem daher mehr wie jedem andern Arbeitgeber am Vorhandensein eines guten seßhaften Arbeiterstammes gelegen sein muß, sich kaum der Erkenntnis verschließen können, daß ihm durch Erleichterung der Gründung von Kleinhaus-Oekonomiaten, die seinen Arbeitern und Arbeiterinnen die oft unerträgliche Last der Hauswirtschaft von den Schultern nimmt, das sicherste Mittel in die Hand gegeben ist, sich einen zuverlässigen Arbeiterkreis zu schaffen.

X.

Aeußere Organisation der Oekonomiate.

Im Anfangsstadium hauswirtschaftlicher Reform wird es sich kaum umgehen lassen, die Anpassung geeigneter bestehender Gebäude an den Reformgedanken ins Auge zu fassen. Die Unmöglichkeit, sozusagen über Nacht die zur Durchführung hauswirtschaftlicher Reform in großem Maßstabe nötigen Gebäude aus dem Boden zu stampfen, läßt eine derartige Uebergangsmaßnahme als einziges Mittel erscheinen, den gegebenen Verhältnissen gerecht zu werden.

Es kommen für diese Adaptation infrage: Oeffentliche Gebäude, namentlich solche, die durch Auflösung der zahlreichen Kriegsämter frei werden, große Mehrfamilienhäuser mit möglichst vielen Wohnungen, damit die Anlage sich rentiert — eventuell könnten Nachbarhäuser angeschlossen werden — und vor allen Dingen alle bestehenden Kleinhauskolonien, die gewöhnlich ein oder mehrere größere Verwaltungsgebäude einschließen, von denen eins zur Wirtschaftszentrale umzuschaffen wäre. Auch Villenkolonien ließen sich mit Leichtigkeit in gehobene Oekonomiate umwandeln.

Bei Anpassung von Großhäusern würde es sich empfehlen, die Zentralisationsräume in eine Erdgeschoßwohnung zu legen und, vorausgesetzt, daß die Anlage nicht zu große Kosten verursacht, Aufzüge zur Speisenbeförderung anbringen zu lassen. Im übrigen werden jedenfalls geringe bauliche Veränderungen genügen, um geeignete, wenn auch nicht allen Forderungen der Zentralisation entsprechende Räumlichkeiten zu schaffen.

Als solche Räume sind vorzusehen:

1. Zentralküche.
2. Vorratskammern.
3. Vorputzraum.
4. Spülraum.
5. Waschraum.
6. Trockenraum.
7. Plättraum.
8. Zentralbad.
9. Raum zur Aufbewahrung von Hausgeräten.

Dazu würden in solchen Oekonomiaten, wo die Mehrzahl der Frauen berufstätig ist, als dringend notwendig, je nach Bedarf, Säuglingspflegstätten und Kinderhorte hinzutreten.

Ist der Raum beschränkt, so ist natürlich ein Zusammenlegen verschiedener Räume, wie Vorputz- und Spülraum, Wasch- und Plättraum, geboten. Bei in den Wohnungen vorhandenen Kleinbädern, die sich kaum infolge ihrer geringen Größe zu anderweitiger Verwendung eignen würden, käme das Zentralbad, bei geeigneten Bodenräumen der Trockenraum in Wegfall. Ueberhaupt dürfte hier jede gegen die Gesetze rationeller Zentralisation nicht allzu sehr verstoßende Vereinfachung geboten und im Interesse der Verbilligung der Anlage wünschenswert sein. Hier allgemein gültige starre Regeln aufstellen zu wollen, würde eine vollständige Verkennung der Sachlage bedeuten. Hier heißt es von Fall zu Fall urteilen und für die verschiedenartigen gegebenen Verhältnisse die passende Lösung und Mittel zur Beseitigung der sich bietenden Schwierigkeiten finden. Was endlich die in den Wohnungen vorhandenen und sich nun als überflüssig erweisenden Küchen betrifft, so dürften sich einer Umwandlung derselben zu Schlaf- oder Wohnräumen kaum irgendwelche Schwierigkeiten entgegenstellen. Wo irgend angängig, hätte eine Teilung größerer Wohnungen in kleinere zu erfolgen.

Außer diesen geringen baulichen Veränderungen würde sich noch die Anschaffung einiger hauswirtschaftlicher Maschinen, wie die schon an anderer Stelle erwähnten, zum Zwecke der Beschleunigung, Vereinfachung und Verbilligung des Betriebs nötig machen.

Es ist wohl anzunehmen, daß die Kosten sowohl für bauliche Veränderungen als für die erforderlichen Maschinen einige tausend Mark kaum übersteigen dürften. Diese Uebergangsmaßnahme hätte also jedenfalls den Vorzug der Billigkeit. Nur ist sie weit davon entfernt, den Forderungen, die an ein Musterökonomiat zu stellen sind, zu entsprechen.

Leichter und befriedigender würde sich die Aufgabe bei Anpassung vorhandener Einfamilienhaus-Gruppen, wie Arbeiter-Siedlungen und Villenkolonien, gestalten. Diese angepaßten Siedlungs-Oekonomiate würden den an ein Musterökonomiat zu stellenden Ansprüchen bereits sehr nahe kommen. Man wäre bei Benutzung eines oder mehrerer bestehender größerer Gebäude zu Zentralisationszwecken weniger im Raume beschränkt und daher leichter imstande, die Reform mit freieren Händen durchzuführen. Die Zentralisationsräume könnten hier nach ihrer Zusammengehörigkeit getrennt und auf verschiedene Stockwerke verteilt werden, was sich inanbetracht ihres verschiedenen Charakters sehr empfehlen dürfte.

Der einzige Nachteil dieser angepaßten Siedlungs-Oekonomiate würde darin bestehen, daß die in den Kleinhäusern freiwerdenden Küchen kaum zur Befriedigung der Wohn- und Verpflegungsbedürfnisse weiterer Personen verwendet werden könnten, ohne der Siedlung den ihr eigentümlichen Familiencharakter zu nehmen. Die durch die Reform — wenn auch in zweiter Linie — angestrebte Raumersparnis würde somit ohne Nutzen für die Gesamtheit verpuffen. Wie sehr aber gerade dieser Umstand, daß eine sich bietende Möglichkeit, unseren Wohnspielraum zu erweitern, für das Volksganze ohne wesentliche Vorteile bliebe, vom volkswirtschaftlichen Standpunkt aus zu bedauern wäre, das liegt bei unserer heutigen furchtbaren Wohnkalamität klar auf der Hand. Es hieße hier also, zwischen zwei Uebeln das kleinere wählen, und das wäre wohl, bis zur Rückkehr normalerer Verhältnisse von einer allzu schroffen Betonung des Familiencharakters angepaßter Kleinhaus-Oekonomiate abzusehen und freiwerdende Räume zur Versorgung alleinstehender Personen heranzuziehen. Wie schon gesagt, handelt es sich aber dabei nur um einen Notbehelf, der, sobald günstigere wirtschaftliche Verhältnisse es gestatten, einer radikaleren Durchführung der Doppelreform durch Neugründung von Oekonomiaten zu weichen hätte.

Es fragt sich nun: Wie würde sich bei Neugründungen die Verwirklichung des Reformgedankens durch das Großhaus-Oekonomiat gestalten?

Wie schon an anderer Stelle gesagt wurde, eignet sich das Großhaus-Oekonomiat besonders zur Versorgung lediger oder anderer alleinstehender Personen. Da nun die meisten dieser Personen daran gewöhnt sind, sich mit einem Zimmer, das zugleich Wohn- und Schlafraum ist, zu begnügen, so könnte bei der Mehrzahl dieser Ledigen-Oekonomiate — wir wählen diesen Ausdruck der Kürze wegen, obgleich er nicht ganz korrekt ist — das einst von Miß Octavia Hill mit soviel Ausdauer verfochtene „Single-Room-System" Anwendung finden, freilich mit dem Unterschied, daß gegen seine Anwendung bei Familienversorgung, wie Octavia Hill sie verteidigte und auf die sie sich unter den damals gegebenen trostlosen New Yorker Wohnverhältnissen der unteren Volksschichten wohl oder übel beschränken mußte, sich unendlich viele, gegen seine Anwendung auf alleinstehende Personen jedoch kaum Bedenken irgendwelcher Art erheben. Nun, die Zeiten sind eben erfreulicherweise andere geworden, und die Hillsche Forderung, durch gesetzliche Maßnahmen dafür zu sorgen, daß in einem Zimmer nie mehr als eine Familie untergebracht werde, eine Forderung, die vor einigen Jahrzehnten angesichts der in den großen Industriezentren alter und neuer Welt gegebenen unglaublichen Wohnverhältnisse noch überaus kühn und oft kaum durchführbar schien, kommt heute als nicht einmal den Mindestforderungen gesunder Wohnungspolitik entsprechend überhaupt nicht mehr infrage.

Dürfte dieses Einzimmer-System voraussichtlich für Ledigen-Oekonomiate die Regel werden, so müßte natürlich von einer starren, schablonenhaften Durchführung des Systems im Interesse solcher Personen, die auf den Besitz mehrerer Zimmer Wert legen, abgesehen werden. Es müßten entweder in den Einzimmer-Ledigen-Oekonomiaten schon bei der Anlage Vorkehrungen getroffen werden, die es ermöglichten, nach Bedarf zwei oder mehr Zimmer zu einem einheitlichen Ganzen zu verbinden, oder gehobene Ledigen-Oekonomiate mit Zwei- und Dreizimmer-System geschaffen werden, die den Wünschen derer entgegenkämen, die bei reicher gefülltem Geldbeutel aus Gründen der Aesthetik dem Einzimmer-System wenig Sympathien entgegenbringen. Ist nun, wie schon im geschichtlichen Teil erwähnt wurde, das Einzimmer-Ledigen-Oekonomiat in unseren Männer- und Mädchenheimen schon vielfach vorhanden, das gehobene Ledigen-Oekonomiat mit komfortablen Räumen, deren Ausstattung dem individuellen Geschmacke des Einzelnen überlassen bliebe, ist erst noch zu schaffen. Und zwar ist es, wie der Verzweiflungsschrei derer beweist, die in Pensionen trotz vielfach mangelnden Komforts zu hohen Preisen untergebracht sind, eine Forderung der Zeit, die sich immer energischer fühlbar macht.

Erwähnen möchten wir, daß einige Versuche in dieser Richtung gemacht worden sind, wie die vor mehr als zehn Jahren erfolgte, auf Bereicherung nicht ausgehende Gründung des Alexandrahauses in Dresden durch Mathilde von Koschembahr, eine durchaus anerkennenswerte Leistung, die aber leider an Verschiedenem krankte, was einen durchschlagenden Erfolg ausschloß. Abgesehen von dem zu kleinen Maßstabe, der von vornherein die Rentabilität der Unternehmung infrage stellen mußte, sind nun einmal gemeinsame Mahlzeiten und eine in Tischgebet und Aehnlichem sich kundgebende Verquickung derartiger Bestrebungen mit religiösen Fragen nicht jedermanns Sache. Immer von neuem kann nicht genug betont werden, daß hauswirtschaftliche Zentralisationsbestrebungen nur dann vollen Erfolg versprechen, wenn peinlich jede Belastung mit fremdem Beiwerk vermieden und ihnen ihr rein wirtschaftlicher Charakter gewahrt bleibt.

Die Frage, ob in den Einzimmer-Oekonomiaten die Räume leer oder in einer Ausstattung, die sowohl hygienischen als ästhetischen Forderungen Rechnung zu tragen hätte, abzugeben seien, läßt sich kurz dahin beantworten: Um das Heimgefühl zu stärken, was sicher als ein Gewinn für die Volkspsyche anzusehen ist, empfiehlt sich leere Abgabe. Da aber erfahrungsgemäß viele ledige Personen vor dem Ankauf von Möbeln zurückschrecken, wohl auch oft aus finanziellen Gründen nicht dazu imstande sind, so müßte man den Wünschen beider Kategorien von „Oekonomiats-Aspiranten" entgegenzukommen suchen, entweder dadurch, daß man in ein und demselben Oekonomiate den einen Teil der Zimmer leer, den andern möbliert zur Verfügung stellt oder durch Gründung zweier Gruppen von Ledigen-Oekonomiaten, die eine mit leeren, die andere mit vollständig ausgestatteten Ledigenheimen. In welchem Verhältnis sich diese beiden Gruppen zahlenmäßig zueinander stellen würden, ist schwer vorauszusagen. Das Bedürfnis, die Nachfrage müßten hier wie auf anderen Wirtschaftsgebieten regulierend eingreifen.

Was nun die Organisation der Zentralisationsräume angeht, die natürlich die gleichen sind wie im angepaßten Großhaus-Oekonomiate, so liegt es auf der Hand, daß bei einer von vornherein auf hauswirtschaftliche Zentralisation zugeschnittenen Anlage allen nur irgendwie sich fühlbar machenden Bedürfnissen entsprochen werden kann, besonders, da hier im Ledigen-Oekonomiat alle zur Kinderpflege und Kinderüberwachung bestimmten Räume in Wegfall kommen. Am empfehlenswertesten ist wohl auch hier die Unterbringung der Zentrale im Erdgeschoß. Eventuell käme auch ein durch einen überdachten Gang mit dem Hauptgebäude zu verbindendes Nebengebäude infrage, eine Anordnung, die vielleicht aus ästhetischen Gründen, besonders bei gehobenen Ledigen-Oekonomiaten, manches für sich hätte und hier der Kostenpunkt ja nicht die Rolle spielen dürfte wie in den übrigen Durchschnittsansprüchen angepaßten Normal-Oekonomiaten.

Als weiter notwendig würde sich die Anlage verschiedener Einrichtungen zum Zwecke erleichterten Verkehrs erweisen, wie Anbringung von Fahrstühlen, sowohl für die Oekonomiatsinsassen als das Personal, von Aufzügen zur Speisenbeförderung, wenn sich nicht etwa beide Einrichtungen verbinden lassen, von elektrischen Klingeln und ähnlichen die Zentrale mit den Einzelheimen verbindenden Einrichtungen.

Ist die Organisation eine gute, so müßte es in den so gestalteten Ledigen-Oekonomiaten ein Leichtes sein, sowohl Einsamkeitsfanatiker zu befriedigen, als auch die Geselligkeitshungrigen auf ihre Kosten kommen zu lassen, indem man die ersten sich ruhig in ihrem Bau vergraben läßt, die letzten dagegen in gemeinsamen, ästhetischen Bedürfnissen entsprechenden Speise- und Gesellschaftsräumen geselligen Verkehr pflegen läßt. Hauptsache ist auch hier: Vermeidung jeder Schablone, Berücksichtigung verschiedenartigster Individualität, überhaupt peinlichste Ausschließung alles dessen, was nach uniformierender Anstalts-Zwangsjacke aussieht.

Die Frage endlich, ob in diesen Ledigen-Oekonomiaten eine Trennung nach Geschlechtern eintreten solle, möchten wir dahingestellt sein lassen, da es nicht in unserer Absicht liegt, sozialen Zukunftsmöglichkeiten irgendwelche Schranke ziehen zu wollen.

Ist das Großhaus - Oekonomiat besonders zur hauswirtschaftlichen Versorgung alleinstehender Personen geeignet, so ist das Kleinhaus-Oekonomiat das Familien-Oekonomiat par excellence. Die wünschenswerte Isolation der einzelnen Familien ergibt sich hier ganz von selbst, ohne daß durch künstliche Mittel irgendwie nachgeholfen zu werden brauchte. Dem käuflichen Erwerb von Kleinhäusern vonseiten der Oekonomiats-Mitglieder steht nichts entgegen. Der hauswirtschaftliche Betrieb erfolgt in der von den Kleinhäusern vollständig getrennten Zentrale, so daß sich das Familienleben in voller Reine und Schöne entfalten kann, vorausgesetzt, daß die Familienglieder auch die innere Disposition zu einem solchen Leben mitbringen.

Die zur Errichtung der Hauswirtschafts-Zentrale geeignetste Stelle der Siedlung würde wohl im Mittelpunkte derselben zu suchen sein. Müssen im Großhaus-Oekonomiat die Zentralisationsräume im Erdgeschoß zusamengedrängt werden, so kann hier eine Verteilung derselben auf verschiedene Stockwerke erfolgen, etwa so, daß das Erdgeschoß die Zentralküche mit ihren Nebenräumen enthielte, im ersten Stock Zentralbad, Säuglingspflegstätte, Kinderbewahranstalt und Kinderhort untergebracht würden, während der zweite Stock der Einrichtung von Wasch-, Trocken- und Plätträumen vorbehalten bliebe.

Die Zentralküche wäre etwa nach Art der schon erwähnten Essener Massenküche anzulegen. Von der Einrichtung gemeinsamer Speiseräume ist im Kleinhaus-Oekonomiat abzusehen, da Familien-Massenabfütterung nicht im Sinne der Reform liegt. Wollen einzelne Mitglieder des Oekonomiats zusammen speisen, so steht dem in den Kleinhäusern oder Villen nichts entgegen. Zur Beförderung der Speisen — entweder nur Mittags- oder Mittags- und Abendmahlzeit — ist ein Speisewagendienst vorzusehen. Sollte sich in gewissen Oekonomiaten die Kollektivspeisung von Kindern nötig machen, so könnte diese ohne besondere Schwierigkeit in einem der zur Kinderfürsorge bestimmten Räume erfolgen.

Was Bau und Anlage der Kleinhäuser betrifft, so werden diese natürlich sehr verschieden sein, je nachdem, um welche Art von Oekonomiaten es sich handelt. Wird beim Normal-Oekonomiat der Grundsatz größter Billigkeit der Herstellung obenan stehen, so wird bei Gründung gehobener Oekonomiate dieser Grundsatz eine viel geringere Rolle spielen. Im letzten Falle könnte die

Oekonomiatsleitung sogar ruhig einen Schritt weiter gehen und Anlage und Einrichtung des Hauses vollständig dem freien Ermessen des Einzelnen überlassen, ihm jedoch, um den einheitlichen Charakter der Siedlung möglichst zu wahren, bei der Wahl des Baumeisters oder Bauunternehmers, dem Kaufe der Baumaterialien und der Anwerbung der Arbeiter eine weitgehende Unterstützung zuteil werden lassen, bis nach Fertigstellung des Hauses sein engerer Anschluß an das Oekonomiat erfolgen würde.

Handelt es sich um Normal-Oekonomiate und ist der Baugrund verhältnismäßig teuer, so wäre es wohl, um Raum für einen Hausgarten zu gewinnen, angebracht, die Räume möglichst übereinander anzulegen, vielleicht nur Flur, Treppe und einen größeren Wohnraum im Erdgeschoß — eventuell nur Wohnküche mit Innentreppe — die Schlafzimmer dagegen im ersten Stock und nötigenfalls in der Mansarde.

Der Kleingarten wäre nur zur Anpflanzung von Zier- und Obstpflanzen zu verwenden, da durch den Anschluß an die Wirtschaftszentrale der Anbau von Gemüsepflanzen als überflüssig wegfällt. Um den äußeren Eindruck eines derartigen Siedlungs-Oekonomiats so freundlich und anziehend wie möglich zu gestalten, dürfte es sich empfehlen, den Vordergarten ausschließlich mit Ziergewächsen, den Hintergarten mit obsttragenden Sträuchern und Bäumen zu bepflanzen.

An einer geeigneten Stelle des Hauses hätte die Anbringung eines Gasofens zu erfolgen, da, wie bereits gesagt, es von hohem praktischem Werte sein dürfte, wenn zur Entlastung der Zentrale und zur Vereinfachung des Speisetransportdienstes die Herstellung der kleinen Mahlzeiten, deren Zubereitung nur geringe Mühe verursacht, den angeschlossenen Familien überlassen bliebe.

Was den Vorschlag von Peter Behrens betrifft, in der Siedlung beide Bauarten, sowohl Klein- als Großhausbau, zur Verwendung kommen zu lassen, so stehen wir diesem Vorschlage durchaus sympathisch gegenüber, da auf diese Weise eine künstliche Zerreißung und Lokalisierung der Bevölkerung nach Familien und alleinstehenden Personen vermieden würde. Uebrigens ist diese Verbindung beider Bauweisen innerhalb derselben Kolonie schon in verschiedenen Siedlungen, z. B. in der schon erwähnten Kolonie Britz bei Berlin, bereits mit Erfolg verwirklicht worden, und auch die meisten der an allen Ecken und Enden auftauchenden Siedlungspläne sehen neben der Errichtung von Einfamilienhäusern die Schaffung von Großhaus-Ledigenheimen vor.

Zwischen Normal- und gehobenen Oekonomiaten noch eine dritte verbindende Gruppe, die der Mittelstands-Oekonomiate, einzuschieben, erscheint kaum notwendig, da einerseits die Grenzen zwischen den einzelnen Bevölkerungsschichten sich immer mehr verwischen und namentlich der sogenannte Mittelstand in seiner Lebensführung heute nur wenig von der der eigentlichen Arbeiterbevölkerung abweicht, andererseits die Normal-Oekonomiate durch eine gewisse Abstufung verschiedenen Anforderungen entgegenkommen könnten.

XI.

Innere Organisation der Oekonomiate.

Zur Schaffung des Anlage- und ersten Betriebskapitals erscheint, wenn es sich um gehobene Oekonomiate handelt, das altbewährte Mittel der Gründung von Aktiengesellschaften als das geeignetste. Wollen die Oekonomiats-Mitglieder sich den zu erzielenden Gewinn für die eigene Tasche sichern, so ist ihnen durch Erwerb von Aktien Gelegenheit geboten.

Für Normal-Oekonomiate dürfte sich dagegen die Gründung und Verwaltung auf genossenschaftlicher Basis als noch vorteilhafter erweisen, wobei zur Schaffung des Anlagekapitals eine Verbindung mit Konsumvereinen oder Versicherungsgesellschaften anzustreben wäre. Eine ähnliche Verbindung zum Zwecke des Hauserwerbs hat bereits seit Jahrzehnten in England bestanden und die besten Erfolge gezeitigt. Die den Konsumvereinen und ähnlichen Gesellschaften zur Verfügung stehenden oft sehr bedeutenden Kapitalien würden es ermöglichen, Anlage und Betrieb des Oekonomiats in großem Maßstabe zu sichern. Der Engros-Einkauf, der ja die natürliche Grundlage hauswirtschaftlichen Großbetriebs bildet, läßt den Konsumverein als eine überaus geeignete Oekonomiats-Hebamme erscheinen. Verbindet man dann die Oekonomiats-Gründung mit dem Prinzipe individuellen Eigentumserwerbs, so kann der Erwerb auf einfachste Weise durch Gutschreiben der Dividende auf die Kaufsumme erfolgen. Die Verwaltung der so gegründeten Oekonomiate hätte dann zur Verbilligung der Kosten nach den Grundsätzen der Selbstverwaltung zu geschehen.

Was die wirtschaftliche Leitung der Oekonomiate betrifft, so kommen dafür selbstverständlich nur durch und durch geschulte Personen infrage, und da es sich hier hauptsächlich um Ueberwachung und Anleitung solcher Arbeiten handelt, die bisher zum größten Teile auf dem Gebiete der sogenannten Frauenberufe lagen, so dürfte sich wohl gegenwärtig für diesen Posten die Wahl einer weiblichen Person am meisten empfehlen. Bedingung ist nicht nur gründliche Vorbildung in einer guten Haushaltungsschule, die den Bewerberinnen für dieses Amt reiche theoretische sowie praktische Kenntnisse in der Ernährungswissenschaft zu vermitteln hätte, sondern auch ein vertieftes Wissen auf allen Gebieten, die für die Leiterin eines Oekonomiats nur irgendwie infrage kommen, wie Kenntnisse in der Handelswissenschaft und Buchführung, solche in Säuglingspflege und allen einschlägigen Wissensgebieten, damit die Leiterin imstande sei, sowohl von hoher Warte aus das Ganze zu überblicken, als auch den Betrieb bis in seine Einzelheiten zu verfolgen und, wenn nötig, regulierend in sein Räderwerk einzugreifen.

Soll die Maschine tadellos funktionieren, so wird die Leiterin außerdem über ein starkes Organisatonstalent und ein gut Teil Menschenkenntnis verfügen müssen, Eigenschaften, die ihr bei der Behandlung des Personals und im Umgange mit den Oekonomiatsgliedern sehr zu statten kommen werden; alles in allem Vorzüge, die sich bei durchaus nicht vielen Menschen vereinigt finden. Man wird also, soll der Erfolg der Sache nicht beeinträchtigt werden, bei der Wahl der Oekonomiatsleiterin mit größter Vorsicht zu Werke gehen müssen.

Auch inbezug auf das übrige Personal kann es sich bei Besetzung der schwierigeren, verantwortungsvolleren Posten, wie Anstellung eines Kochs oder einer Köchin, einer Säuglingspflegerin, Leiterin der Kinderbewahranstalt, nur um durchaus tüchtige, geschulte Kräfte handeln. Denn es wäre in der Tat wenig gewonnen, wollte .man das so weit verbreitete Stümpersystem hauswirtschaftlichen Kleinbetriebs nun im Oekonomiat ins Große übertragen. Alle diese Personen hätten also ihr Geeignetsein für den zu besetzenden Posten, sowohl was Theorie als Praxis angeht, unzweifelhaft nachzuweisen.

Bei der Wahl des Personals für die niederen Küchen- und Reinigungsarbeiten dürfte natürlich größere Freiheit walten. Aber auch hier ist Vorsicht am Platze. Auch hier dürfte es, um den Betrieb so ökonomisch wie möglich zu gestalten, angebracht sein, in der Hauptsache nur solche Personen anzustellen, die bereits eine gewisse Erfahrung und Schulung besitzen. Wer weiß, welch beträchtlichen finanziellen Schaden unerfahrene und ungeschickte Dienstmädchen anrichten können, dem wird eine solche Vorsicht auch bei der Wahl des niederen Betriebspersonals nicht übertrieben erscheinen.

Wie steht es nun mit der Verwendung der so gewonnenen Arbeitskräfte? Oberster Grundsatz bei der Verteilung der Arbeiten ist natürlich eine möglichst weitgehende Spezialisation, um größtmögliche Schnelligkeit bei Verrichtung der Arbeiten und dadurch eine Ersparnis an Arbeitskräften zu erzielen. Wie weit diese Arbeitsteilung in den verschiedenen Fällen zu gehen hat, das wird von der Größe der Oekonomiate abhängen. Daß der durch eine geschickte Spezialisation erreichte Zeit- und Kraftgewinn oft ganz erheblich ist, das haben Erfahrungen auf den verschiedensten Wirtschaftsgebieten erwiesen. Um so bedauerlicher ist es, daß die durch rationelle Arbeitsteilung erzielten Vorteile bisher der Hauswirtschaft fast gänzlich verloren gingen.

Zur Verrichtung schwerer Hausarbeit, wie Bedienung der Heizzentrale, Teppichklopfen, Fußböden- und Treppenreinigung, Fensterputzen, Heben und Tragen schwerer Lasten, wird sich die Heranziehung von Männern als vorteilhaft erweisen. Derartige Arbeiten werden heute zum größten Teile von Frauen besorgt, obgleich sie zumeist große Körperkräfte beanspruchen und für viele Frauen, besonders Schwangere, direkt gesundheitsschädlich sind, und zwar nicht nur für sie selbst, sondern auch für das junge Menschenleben, das sie in ihrem Schoße tragen. Wer weiß, wieviele Fehlgeburten, wieviele Sterbefälle von Proletarierkindern auf hauswirtschaftliche Ueberanstrengung ihrer Mütter zurückzuführen sind. Ein statistischer Versuch auf diesem Gebiete wäre u. E. verdienstvoller und lehrreicher als die meisten der statistischen Forschungen, die in letzter Zeit unter großem Aufwande von Hilfskräften auf dem Gebiete der zum größten Teil sterilen Preisstatistik angestellt worden sind.

Als Einwand gegen die Beschäftigung von Männern in der Hauswirtschaft führt man oft deren vermeintliche Scheu vor Hausarbeit ins Treffen. Daß dieser Einwand jeder Begründung entbehrt, beweist zur Genüge die Existenz zahlreicher auf diesem Gebiete tätiger männlicher Personen, die Beschäftigung von Köchen und Dienern in reichen Häusern, Zimmerkellnern in Hotels. Während des Krieges war zu diesen drei noch eine weitere Kategorie von hauswirtschaftlich beschäftigten Männern hinzugetreten, wenn in diesem Falle ihre Betätigung im Haushalte auch nur eine vorübergehende war.

Von Köln ist uns bekannt, daß genesende und kurz vor ihrer Entlassung aus dem Krankenhause stehende Soldaten von Privathaushalten zur Verrichtung grober Hausarbeit herangezogen wurden. Die Erlaubnis dazu wurde ihnen in der Regel gern gewährt. Sie waren froh, sich für den Heimaturlaub ein paar Mark verdienen zu können, und für zahlreiche Privathaushaltungen war es bei dem herrschenden Dienstbotenmangel, der in Köln ganz besonders zu grassieren schien, — kaum, daß für hohen Lohn

Stundenfrauen zu haben waren — eine wahre Erlösung, auf diese Weise den Haushalt wenigstens einigermaßen in Ordnung halten zu können.

Die Erfahrungen lassen im allgemeinen keinen Zweifel darüber, daß sich auch männliche Personen gern zur Verrichtung von Hausarbeit bereit finden, wenn nur gewisse Bedingungen erfüllt sind. Hauptbedingung ist natürlich eine angemessene Bezahlung. Wie gut diese bisweilen bei den in der Hauswirtschaft tätigen Männern — alle Nebeneinnahmen hinzugerechnet — ausfällt, das beweist der so oft beobachtete Aufstieg von Zimmerkellnern zu Hotelbesitzern, welch neue soziale Stufe ihr vorheriges Kellnerdasein ja bekanntlich bald vergessen macht.

Eine weitere Bedingung scheint der mehr oder weniger ausgeprägte berufliche Charakter hauswirtschaftlicher Betätigung zu sein. So selten wir männliche Personen im Kleinhaushalte häusliche Arbeiten verrichten sehen,[160]) so verhältnismäßig häufig ist ihre Beschäftigung im Großhaushalt: In Krankenhäusern, Erziehungsanstalten, hotelartigen Betrieben. Sobald sich der Haushalt dem Großbetriebe nähert, der eine gewisse Arbeitsteilung gestattet, sobald die Bezahlung eine gute ist, merkt man wenig von dieser vermeintlichen Scheu des Mannes vor Hausarbeit. Daß er dagegen nur geringe Lust verspürt, schlecht bezahlte „Mädchen-für-Alles-Stellungen" anzunehmen, ist nur zu natürlich. Kurz: Nur für die schlecht vergütete Hausarbeit, wie sie die Frau im Joche jahrtausendelanger Dienstbarkeit geleistet, hat der Mann begreiflicherweise wenig Verständnis.

Macht sich, wie schon an anderer Stelle erwähnt wurde, im Normal-Oekonomiat das Personal durch die Kostenersparnis des Großbetriebs bezahlt, so liegen im gehobenen Oekonomiat die Dinge noch bedeutend günstiger. Hier erweist sich eine derartige Uebertragung der Betriebsersparnis auf die Personal-Rubrik überhaupt als überflüssig, da am Oekonomiats-Personal, das an Kopfzahl weit hinter der Zahl der in den verschiedenen Kleinhaushaltungen beschäftigten Dienstboten zurücktritt, schon an und für sich eine erhebliche Ersparnis erzielt wird.

Ist es nun aber nötig, alle Posten im Oekonomiat ausschließlich durch bezahlte Kräfte zu besetzen? Vielleicht böte sich hier noch eine andere Möglichkeit. Es möge uns gestattet sein, in kurzen Worten eine Frage zu berühren, geeignet, neues Licht auf die Möglichkeiten ökonomischer Verwaltung hauswirtschaftlicher Großbetriebe zu werfen. Es handelt sich um Folgendes:

Bleibt der Heeresdienst des Mannes auch nach Friedensschluß bis zu gewissem Grade bestehen, was zwar nicht gerade wünschenswert, aber nicht unmöglich ist, so wäre es nur recht und billig, wenn der Staat zum Ausgleiche männlicher Dienstpflicht eine ähnliche staatliche Dienstpflicht der Frau einführen würde. Das heißt nicht aller Frauen. Kinderreiche Mütter, sagen wir die Drei- und Mehrkindermütter, hätten unserer Ansicht nach ihrer Pflicht dem Staate gegenüber Genüge getan. Dagegen wären die kinderlosen, die Ein- und Zweikinderfrauen zur Ausübung dieser Dienstpflicht heranzuziehen. Und ließe sich wohl eine bessere Verwendung dieser dem Staate zur Verfügung gestellten Frauenkräfte denken, als sie in den Normal-Oekonomiaten zu Nutz und Frommen der Kinder der arbeitenden Volksschichten und zum Heile kommender Generationen der Gesellschaft ihren Tribut bezahlen zu lassen. Das wäre u. E. das einfachste Mittel, einerseits die Kosten der Arbeiter-Oekonomiate noch mehr zu reduzieren, andererseits die Lasten, die gegenwärtig nur, aber gerade deshalb mit umso größerer Wucht, auf einem Teile unserer Frauenwelt ruhen, etwas gleichmäßiger auf die Gesamtheit unserer Frauen zu verteilen und so der Stimme ausgleichender Gerechtigkeit, dieser vom Marktgebrüll der Gegenwart so oft überschrieenen Ruferin aus sozialen Tiefen, auch etwas Gehör zu verschaffen. Daß bei diesem System auch die Wiederbevölkerungspolitiker nicht schlecht auf ihre Kosten kommen würden, sei hier nur angedeutet.

Da vorauszusehen ist, daß auch in den Oekonomiaten nicht immer alles so tadellos klappen wird, wie es im Interesse des Oekonomiats im allgemeinen und jedes einzelnen Mitglieds im besonderen zu wünschen wäre, so werden sich regelmäßige Oekonomiats-Versammlungen als notwendig erweisen. Sowohl gute als schlechte Erfahrungen würden in diesen Zusammenkünften zur Sprache gelangen, die ersten, um weitere Nutzanwendungen aus ihnen zu ziehen, die letzten, um Mittel und Wege zu suchen, wie diese in Zukunft zu vermeiden wären. Strittige Punkte wären durch Abstimmung und Majoritätsbeschluß zu entscheiden. Läßt sich bei Meinungsverschiedenheiten zwischen der Verwaltung und einem Mitgliede oder bei Streitigkeiten zweier Mitglieder auf keinerlei Weise eine Einigung erzielen, so hätte entweder freiwilliger Austritt der betreffenden Mitglieder aus dem Oekonomiate oder im alleräußersten Falle Ausstoßung des schuldigen Teils durch Oekonomiatsbeschluß zu erfolgen.

XII.

Die an der Reform besonders interessierten Kreise.

Nachdem, wie wir hoffen, die vorausgehenden Ausführungen etwas mehr Klarheit über Wesen und Organisation der zu gründenden Oekonomiate gebracht haben, liegt die Frage nahe: An welche Bevölkerungskreise wendet sich die Reform besonders?

Wie schon im geschichtlichen Teile ausgeführt wurde, gehört der Gedanke zentralisierter Hauswirtschaft zu dem umfangreichen Komplexe sozial-wirtschaftlicher Fragen, die mehr oder weniger aus dem Notstande der unteren Klassen geboren wurden. Das zeigen Ausgang und Entstehung des Gedankens, das beweist seine Förderung und Verwirklichung im Hinblick auf das Proletariat. Das geht weiter aus dem Umstande hervor, daß auch moderne Verfechter der Idee, z. B. Reynolds, sie als wirksamstes Mittel empfehlen, dem Elend der unteren Klassen zu steuern. Es hieße jedoch, den hohen Wert der Frage und ihre Bedeutung für die Menschheit arg unterschätzen, wollte man ihr Gebiet auf die unteren Klassen zu beschränken versuchen. Tut dies jemand doch, so beweist er dadurch nur, daß er bei Betrachtung der Frage nur ihre Oberfläche gestreift hat, die wirtschaftlichen Tiefen des Problems aber nicht einmal ahnt. Die wahre Erkenntnis des Sachverhalts wird ihm erst dann aufgehen, wenn es ihm gelingt, den Blick vom engbegrenzten Gesichtskreis eines einseitig karitativen Standpunktes zur Höhe weltwirtschaftlicher Anschauungsweise zu erheben. Die Frage lautet hier nicht: Wie wird den unteren Schichten geholfen? Sie lautet: Wie kann in der Konsumwirtschaft der unglaublichen Vergeudung an Kosten, Zeit und Volkskraft, ganz gleich, in welchen Kreisen der Gesellschaft sie auftritt, auf wirksamste Weise entgegengetreten werden?

Daraus ergibt sich die zweite Frage: An welcher Stelle des Volkshaushalts tritt diese Vergeudung am schärfsten zutage, macht sich daher die Notwendigkeit einer Reform am dringendsten geltend. Nun, das ist ohne Zweifel in den Einzelhaushalten der Fall, hier, wo extremster Individualismus das Feld hauswirtschaftlicher Tätigkeit beherrscht und in der kleinsten Zelle menschlicher Gesellschaft höchst zweifelhafte Triumphe feiert. An sie also, an alle alleinstehenden Personen, die mit geradezu lächerlichem Kosten-, Zeit- und Kraftaufwand ihren Miniatur-Haushalt aufrecht zu erhalten suchen, — und zwar in den meisten Fällen „der Not gehorchend, nicht dem eigenen Triebe" — wendet sich die Reform vor allen Dingen, und der Gesellschaft ruft sie als erste Forderung zu: Schafft Ledigen-Oekonomiate. Bereitet vor allem dem Zwergendasein krüppelhafter Einzelhaushalte ein Ende. Glaubt nicht, weil sich das hauswirtschaftliche Elend alleinstehender Personen nicht wie das vieler Arbeiter-Familienhaushalte vor aller Augen, sondern meist hinter den Kulissen abspielt, daß es weniger groß sei. Oft ist es im Gegenteil weit größer, besonders dann, wenn es sich um unverheiratete oder verwitwete Personen des gleichen Standes handelt, wo die Beschränktheit der Mittel nicht weniger groß, die Schwierigkeiten hauswirtschaftlicher Organisation aber noch größere sind.

Ist nun zwar für die hauswirtschaftliche Versorgung lediger Personen des Arbeiterstandes schon manches geschehen, inbezug auf die anderer Stände sieht es umso trauriger aus. Hier und da ein Studentenheim, vielleicht auch an diesem und jenen Ort ein Heim für kaufmännische Angestellte, wenn es hoch kommt ein Lehrerinnenheim. Das sind so ziemlich die einzigen Errungenschaften, die auf diesem Gebiete zu verzeichnen sind. Und wie viele Erscheinungen sozialer Korruption, besonders, was die weiblichen kaufmännischen Angestellten der unteren Grade angeht, hätten ohne Zweifel vermieden werden können, hätte die menschliche Gesellschaft für das wirtschaftliche Elend dieser Kategorie der Menschheit von vornherein etwas mehr Verständnis gezeigt.

Dabei handelt es sich hier keineswegs um das Elend einer Minderheit. War die Zahl der alleinstehenden Personen schon in Friedenszeiten nicht gering, während des Krieges ist diese Bevölkerungsschicht in geradezu erschreckender Weise in die Breite gegangen.

Wie suchen nun die meisten unter ihnen ihre Wohn- und Verpflegungsbedürfnisse zu befriedigen? Ihr Wohnbedürfnis zunächst in mehr oder minder kläglicher Weise in unseren berühmten, um nicht zu sagen berüchtigten möblierten Zimmern, wo ihnen bei hohen und höchsten Preisen und gewöhnlich überaus dürftiger Zimmerausstattung Gelegenheit geboten wird, die Taschen eines Einzelnen zu füllen und Tausenden von Personen ein nur wenig durch Arbeit getrübtes Parasitendasein zu gestatten.

Nicht weniger schlimm steht es um die Befriedigung ihrer Ernährungsbedürfnisse. Handelt es sich um Männer, so beginnt für die meisten unter ihnen, mögen sie auch für ein solches Dasein von Haus aus nicht die geringste Veranlagung mitbringen, ein Wirtshauswanderdasein, das dafür sorgt, daß ein weiterer großer Teil dessen, was nicht der „möblierten Zimmer-Wirtin" zum Opfer gefallen ist, in die Tasche eines andern Einzelnen fließt, so daß man sich zuletzt verwundert fragt, wie es unter diesen Verhältnissen möglich ist, daß überhaupt noch etwas zur Befriedigung anderer Bedürfnisse übrig bleibt. Wieviele der ledigen Männer erhalten verhältnismäßig hohe Gehälter. Und welch geringer Prozentsatz unter ihnen ist bei unseren heutigen hauswirtschaftlichen Verhältnissen imstande, nach Abzug aller Kosten des Lebensunterhalts auch nur eine kleine Summe beiseite zu legen. Es scheint, als seien die meisten unter ihnen schon heilfroh, doch wenigstens nicht gleich vielen anderen drückende Schulden zu haben.

Ist es unter diesen Umständen zu verwundern, wenn dann bei Stellenlosigkeit manch einer gar bald auf die schiefe Ebene kommt und den Weg ins rechte Lebensgeleise nicht mehr zurückfindet? Nun, gesunde wirtschaftliche Verhältnisse sind das keinesfalls, und Abhilfe tut not. Interessant wäre es ohne Zweifel, einen tieferen Einblick in das Haushaltsbudget dieses Bevölkerungskreises zu gewinnen. Die Statistik versagt hier leider vollständig, und doch täte es überaus not, die Aufmerksamkeit unserer Wirtschafts- und Sozialpolitiker auch einmal auf diesen wunden Punkt im wirtschaftlichen Leben unseres Volkes zu lenken.

Ist die alleinstehende Person eine Frau, so liegen die Verhältnisse gewöhnlich anders. Besser liegen sie kaum. Die berufstätige Frau der unteren Kreise, für die aus finanziellen und anderen Gründen das teure Wirtshausleben gewöhnlich nicht infrage kommt, hat, wie die Dinge heute liegen, in der Regel nur die Wahl zwischen Massenspeisung und Einzelküche, zwei Extreme, deren Schattenseiten zwar sehr verschieden sind, die sich aber was Zahl und Stärke ihrer Nachteile betrifft, so ziemlich die Wage halten dürften..

Hat Mutter Natur der alleinstehenden berufstätigen Frau eine ziemlich dicke ästhetische Haut verliehen, so ist sie glücklich zu preisen. Sie wird sich dann jedenfalls für Massenabfütterung entscheiden, um dabei voraussichtlich den Rest ästhetischen Empfindens, der ihr noch eigen, der sich aber vor des Lebens Unschöne in einen äußersten Winkel ihrer Individualität verkrochen hat, auch noch zu verlieren. Ist sie dagegen — die Unglückliche! — mit einem starken ästhetischen Gefühle behaftet, so gibt sie nach einmaligem Versuche, vorausgesetzt, daß ihre Berufsverhältnisse ihr dies gestatten, die berühmte Massenspeisung ein für allemal auf. Sie entschließt sich also, ihren Ernährungsbedürfnissen auf eigene Faust Rechnung zu tragen. Unter oft überaus primitiven Verhältnissen, bei ungenügenden Zutaten, da reichere Zutaten den Betrieb des Haushalts erheblich verteuern würden, und oft ebenso ungenügenden Kochkenntnisesn bereitet sie sich nun Speisen zu, die durch ihre Einförmigkeit, ungenügende Zubereitung — zu genügender Zubereitung fehlt oft das Nötigste: die Zeit — und Geschmacklosigkeit auf die Dauer ohne Zweifel die Gesundheit nachteilig beeinflussen müssen. Es wäre sicher nicht unangebracht, nachzuweisen, wieviel Prozent der magenleidenden Frauen Einzelhaushaltskost, wieviele gute Familien- oder Großhaushaltskost genießen. In letzterem Falle wird der Klagegesang des leidenden Magens wohl darauf zurückzuführen sein, daß diese Kost eben eine zu gute war. Hierbei ist natürlich an Friedenszeiten und nicht gerade an Kriegs-Freßpensionen zu denken.

Die andere Kategorie alleinstehender ästhetisch empfindender Frauen, denen ihre Arbeitsverhältnisse eigenhändige Speisenzubereitung nicht gestatten, sind dagegen wohl oder übel gezwungen, weiter ihre Zuflucht aus größtem hauswirtschaftlichen Tiefstande zu dem ihr einzig gebotenen Auswege der Massenspeisung zu nehmen, da ambulante Küchen bekanntlich selten sind und leider meines Wissens ausschließlich die wenig beliebten Eintopfgerichte liefern. Die Qualen derjenigen näher zu beschreiben, die trotz stark entwickelten Schönheitsgefühls dazu verdammt ist, jahrelang in trostlos kahlen Räumen neben schlecht gewaschenen, mit schlechten Eßgewohnheiten behafteten Menschen ihre Suppe aus trogartigen Gefäßen mittelst primitivster Blechlöffel zu genießen, dagegen sträubt sich die Feder.

Unterliegt es inanbetracht dieser Umstände auch nur dem geringsten Zweifel, daß die Ledigen-Oekonomiate, sowohl inbezug auf alleinstehende Männer als Frauen, einem dringenden Bedürfnisse entgegenkommen würden?

Wir kommen zur zweiten Hauptkategorie der am Kleinhaushalt Krankenden: Den berufstätigen Arbeiterfrauen und ihren Familien. Es wäre müßig, wollten wir hier viele Worte machen. Die unglaubliche Ueberbürdung dieser armen Sündenböcke unserer gegenwärtigen sozialen Zustände, eine Ueberbürdung, die sie unter der dreifachen Last von Haushaltssorgen, Kindererziehung und Beruftsarbeit fast zusammenbrechen läßt, hat schon seit langem die Aufmerksamkeit weiter Kreise auf sich gelenkt, wenn es auch an energischen Maßnahmen, dieser dreifachen unsinnigen Belastung der Proletariermutter zu steuern, bisher gefehlt hat.

Kein schlechter Witz ist es übrigens, daß man diese Vereinigung von Berufsarbeit, Haushalt und Kindererziehung, die man bei der Arbeiterfrau jahrzehntelang als ganz selbstverständlich hinnahm, bei einer anderen Kategorie von Frauen, den Lehrerinnen, als Hauptgrund ins Treffen führte, wenn man wieder einmal, wie schon so oft, gegen das Lehrerinnen-Cölibat Sturm lief. Auch dieses Problem würde durch die Schaffung von Oekonomiaten seine endliche Lösung erfahren. Der Grund, der so oft zur Aufrechterhaltung der Ehe- und Kinderlosigkeit der Lehrerinnen herhalten mußte, würde endgültig hinfällig werden, und eine große Anzahl der tüchtigsten Frauen unseres Volkes würde nicht mehr wie bisher von der Fortpflanzung ausgeschlossen, sondern imstande sein, zur qualitativen und quantitativen Verbesserung unseres Menschenmaterials das ihre beizutragen.

Daß die Reform für die Arbeiterfrauen eine wahre Erlösung und Auferstehung zu neuem Dasein bedeuten würde, liegt auf der Hand. Und mit ihr zugleich müßten, hätten sie die nöige Einsicht, alle vernachlässigten, schlecht genährten und schlecht gekleideten Proletarierkinder die Reform freudig begrüßen. Für sie würde sie den Uebergang aus zuweilen wahrhaft anarchistischen häuslichen Verhältnissen in geordnete, Leib und Seele gleicherweise kräftigende Lebensumstände bedeuten. In ihnen und durch sie wendet sich die Reform an die kommenden Geschlechter, zu deren besseren Daseinsbedingungen sie die notwendige wirtschaftliche Grundlage zu schaffen imstande ist.

Und der Arbeiter selbst, nicht der erfreulicherweise im Aussterben begriffene abgestumpfte Kneipenstammgast, der vielleicht kaum in lichten Augenblicken danach fragt, ob seine überbürdete, abgehetzte Frau in wenig Jahren dahinwelkt, ob seine Kinder leiblich und seelisch verkommen, sondern der tüchtige, solide, auf sich haltende Arbeiter, dem das Wohl von Frau und Kindern wie sein eigenes am Herzen liegt, auch er hat allen Grund, eine Möglichkeit zu begrüßen, die ihm selbst und seiner Familie leibliche und seelische Gesundheit verspricht und seine wirtschaftliche Lage in jeder Weise erleichtern und vereinfachen würde.

Was die dritte Kategorie der unter den gegenwärtigen hauswirtschaftlichen Zuständen Leidenden angeht, so umfaßt sie sowohl ledige als verheiratete Personen bessergestellter Kreise, nämlich alle die des Diensbotenjammers Ueberdrüssigen. Hierbei ist vor allen Dingen an die Ein-Mädchen-Haushalte zu denken, die der durch den Krieg verschärfte Mangel an häuslichen Hilfskräften zuerst von allen Dienstbotenhaushaltungen in Mitleidenschaft gezogen hat. Nur zu erklärlich ist es übrigens, daß sich die Abneigung junger Mädchen zunächst gegen diese Stellungen richtete, handelt es sich doch bei denselben fast ausschließlich um die Verrichtung grober Küchen- und Hausarbeit, eine Beschäftigung, die nun einmal nicht jedermanns Sache ist, besonders zu Zeiten, da sich, wie es während des Krieges der Fall war, angenehmere und lohnendere Tätigkeiten in Menge bieten. Kommt nun aber durch Zentralisierung der Hauswirschaft alle derartige Arbeit in Wegfall, so verschwindet damit zugleich für viele Haushalte die Notwendigkeit, ein Mädchen zu halten, ein Umstand, der eine ganz erhebliche Verminderung der Kosten des Haushaltungsbudgets zur Folge haben würde, vom moralischen Gewinn eines durch den Wegfall von Streitigkeiten erhöhten Hausfriedens ganz zu schweigen. Die Mühe, diesen doppelten Gewinn zu veranschlagen, dürfen wir wohl den infrage kommenden Lesern und Leserinnen selbst überlassen.

Aber auch für Mehr-Mädchen-Haushalte würde der hauswirtschaftliche Großbetrieb manche Vorteile haben. Auch hier würde er eine große Oekonomie bedeuten, da sich unter seiner Herrschaft die Zahl der Hausangestellten erheblich reduzieren würde. Der ganze Haushalt würde außerdem einen ruhigeren, vornehmeren Charakter annehmen, da nur noch die zur persönlichen Bedienung nötige bessere Dienerschaft den Haushalt belasten würde. Und was die auf solche Weise erzielte Reduktion der Haushaltungskosten betrifft, so ließe sich für die ersparten Gelder sicher eine bessere Verwendung finden.

Und endlich — last not least — ist an der Reform die Frauenwelt in ihrer Gesamtheit interessiert. Aus jahrtausendelangem tiefem geistigem Schlafe erwacht, drängt die Frau nach Befreiung von alten Fesseln. Und war die schlimmste dieser Fesseln, diejenige, deren Spuren vielleicht noch Generationen von Frauen an sich tragen werden, nicht eben ihr Gebundensein an die engste Zelle menschlicher Gesellschaft, an die Familie, den Kleinhaushalt? War es ein Wunder, daß in der Stickluft einseitiger hauswirtschaftlicher Betätigung ihre geistigen Fähigkeiten verkümmerten, daß ihr über der fast ausschließlichen Beschäftigung mit all dem häuslichen Kleinkram der Blick für Volks- und Menschheitsinteressen verloren ging, daß sie zum Geschöpf des Mannes, zu seiner Magd und Handlangerin herabsank.

Der Krieg, der die Fesseln der Frau gelockert, ist zu Ende. Ihre Dienste im Wirtschaftsleben sind nicht mehr so nötig, wie sie es während des Krieges waren, und schon regen sich Stimmen, die dafür plädieren, sie von neuem im Kleinhaushalte festzuschmieden. Es fragt sich nur: Wird sich die Frau, der eben die Sonne junger Freiheit am Horizonte aufgegangen, abermals auf ein Leben in der Enge des Familien-Kleinhaushalts beschränken, wird sie sich den Blick, der gerade anfängt, die Weiten menschlichen Geschehens staunend zu erfassen, von neuem durch die Mauer häuslichen Kleinkrams verbauen lassen? Nun, wenn nicht alle Anzeichen trügen, so ist sie gewillt, ihre neue Freiheit in glühender Liebe wie eine Löwin ihr Junges zu verteidigen. Aber sie täusche sich nicht. Eine Rückkehr in die alten an fürchterlicher Enge krankenden häuslichen Verhältnisse muß alle kräftig sprossenden Keime junger Freiheit ersticken. Will sie wahrhaft frei und zum Vollmenschen werden, so gilt es, die engen Schranken hauswirtschaftlichen Kleinbetriebs endgültig niederzureißen, aller hauswirtschaftlichen Betätigung scharfe Grenzen zu ziehen und die ihr bisher zuteil gewordene geringschätzige Beurteilung dadurch zu entkräften, daß man ihr, wie der Beschäftigung auf anderen Wirtschaftsgebieten, Berufsstempel aufdrückt.

XIII.

Die zur Durchführung der Reform berufensten Unternehmer.

Nach den Erfahrungen, die auf dem Gebiete der Wohnungsreform gemacht worden sind, sind es besonders sechs Unternehmerkategorien, die für die Doppelreform in Frage kommen: Privatpersonen, besonders Großindustrielle, philanthropische Verbindungen, gewinnstrebende Gesellschaften, Genossenschaften, Kommunalverwaltungen, der Staat.

Was die erste Unternehmergruppe betrifft, so haben wir bereits im geschichtlichen Teile Gelegenheit gehabt, auf die zahlreichen Maßnahmen hinzuweisen, die weitblickende Arbeitgeber zur Hebung der in hohem Grade besserungsbedürftigen Wohn- und hauswirtschaftlichen Verhältnisse ihrer Arbeiterschaft ergriffen haben. Dieses kurze Zurückgreifen auf die Tatsache möge genügen, da wir es hier mit Gedankengängen zu tun haben, die bereits von einer großen Anzahl Schriftsteller bis in ihre letzten Seitengänge verfolgt worden sind.

Man hat an den Bestrebungen philanthropisch gesinnter Arbeitgeber oft scharfe Kritik geübt, und selbst die besten unter ihnen, Owen, Godin, Dollfus, sind diesem Schicksal nicht entgangen. Man hat ihnen vorgeworfen, daß sie bei ihren Bestrebungen weniger das Wohl der Arbeiter als ihr eigenes im Auge gehabt hätten. Aber: Ist dieser Vorwurf in der Tat berechtigt? Haben wir nicht vielmehr allen Grund, mit Befriedigung zu konstatieren, daß wir hier einen der wenigen Fälle vor uns haben, wo die Verfolgung individueller Interessen zugleich eine Förderung der Interessen der Gesamtheit bedeutet, während sich gewöhnlich beide Interessen diametral gegenüberstehen. Läßt sich jenen Männern wohl daraus ein Vorwurf machen, daß sie wohl oder übel gezwungen waren, den gegebenen Verhältnissen Rechnung zu tragen, und sind wir berechtigt, an wesentlich andere wirtschaftlichsoziale Zustände einen Maßstab zu legen, den wir sogar noch heute nur zögernd hervorholen. Alle billig Urteilenden werden zugeben: Für die damaligen Verhältnisse waren jene Männer die geeignetsten Unternehmer, besonders, da es sich hier ausschließlich um die Durchführung der

Reform in Arbeiterkreisen handelte. Vergessen wir nicht, daß sie es in den seltensten Fällen mit einer Arbeiterelite zu tun hatten, sondern sehr oft mit aus ländlichen von Kultur noch wenig berührten Gebieten stammenden Wanderarbeitern, die eine gewisse Bevormundung und Fürsorge wohl gebrauchen konnten.

Haben diese Männer, denen übrigens oft verständige Frauen und Töchter helfend zur Seite standen, sich nicht zuweilen als feinere Kenner des Volkscharakters erwiesen als so viele andere, die diese so arg verkannte und so oft mißhandelte Volkspsyche dauernd im Munde führen? In wie überraschender Weise manche unter ihnen — ich erinnere an Owen — auch zuweilen das aus ihr hervorholten, was unter üppig wucherndem Unkraut fast erstickt in ihr ruhte, das sollte mit ehernem Griffel im Buche der Wirtschaftsgeschichte der Menschheit niedergeschrieben und zu ihrem dauernden Ehren- und Ruhmesblatte gemacht werden.

Was die Beteiligung der Frauen an deutschen Unternehmungen dieser Art angeht, so ist anzunehmen, daß diese, wenn auch Namen in den einschlägigen Werken selten genannt werden, — der von Frau Heyl, Charlottenburg, bildet eine seltene Ausnahme — in reichem Maße an den Reformbestrebungen ihrer Männer mitgewirkt haben. Alter deutscher Frauensitte ist es wohl zuzuschreiben, daß sie weniger an die breite Oeffentlichkeit traten als die zahlreichen Engländerinnen und Amerikanerinnen, die sich auf diesem Gebiete durch energisches Vorgehen in Wort, Schrift und Tat weit über die Grenzen ihres Landes hinaus einen ehrenvollen Namen erwarben. Wir sind der Meinung, daß sich hier auf ihrem ureigensten Gebiete der deutschen Frau die beste Gelegenheit böte, zum Heile unseres Volkes aus der durch und durch untergeordneten Rolle, die sie bis vor kurzem im Wirtschaftsleben unseres Volkes gespielt hat, herauszutreten und einen aktiveren Anteil an der Gestaltung desselben zu nehmen.

Es fragt sich nur: Sind Großindustrielle auch heute noch unter ganz anderen wirtschaftlichen und sozialen Verhältnissen zur Lösung des Doppelproblems die berufensten? Diese Frage läßt sich wohl inanbetracht des gesteigerten Selbstbewußtseins, der völligen Selbständigkeit, die den Arbeiter von heute kennzeichnet, ohne jede Einschränkung verneinen. Ein Gängelband ist nicht mehr nötig. Die Arbeiterschaft hat schreiten gelernt. Sie kennt ihre Ziele und wird die Mittel und Wege, sie zu erreichen, selber finden. Eine Wohn- und hauswirtschaftliche Reform auf dieser Grundlage käme also heute kaum noch infrage.

Aehnlich verhält es sich mit der nächsten Unternehmerkategorie. Auch sie hat sich zum guten Teile überlebt. In den vierziger und fünfziger Jahren des vorigen Jahrhunderts begannen philanthropische

Gesellschaften, auf dem Gebiete der Wohnungsreform eine überaus rege Tätigkeit zu entfalten. Es handelt sich um die sogenannten gemeinnützigen Baugesellschaften, wie solche zuerst in England, dann auch in andern Ländern entstanden sind. In Deutschland war es besonders die Berliner gemeinnützige Baugesellschaft, die in den fünfziger Jahren des vorigen Jahrhunderts viel von sich reden machte. Neuerdings sind in München und andern Orten ähnliche Unternehmungen entstanden oder in der Entstehung begriffen.

So anerkennenswert nun auch derartige Gründungen vom Humanitätsstandpunkte aus sein mögen, die an ihnen gemachten Erfahrungen haben erwiesen, daß eine Verwirklichung des Gedankens hauswirtschaftlicher Reform auf dieser Grundlage nur für eine ganz beschränkte Kategorie von Oekonomiaten zu empfehlen wäre, nämlich da, wo es sich um die wirtschaftliche Unterstützung derjenigen Personen handelt, die nicht imstande sind, ohne fremde Hilfe ihren Lebensbedürfnissen in genügender Weise nachzukommen. Lassen es sich philanthropische Verbindungen, solange die Gesellschaft vor einer Verstaatlichung aller Fürsorgebestrebungen zurückschrickt, angelegen sein, die wirtschaftliche Versorgung dieser untersten Volksklasse durch Gründung von Hilfs-Oekonomiaten anzubahnen, so wäre ein derartiges Vorgehen nur freudig zu begrüßen. Eine ihrer Hauptsorgen müßte es dann freilich sein, nur wirklich Arbeitsunfähigen ihre Hilfe zuteil werden zu lassen. Die Arbeitsfähigen dagegen hätte der Staat zu übernehmen, sie in Staats-Oekonomiaten unterzubringen und nutzbringender Beschäftigung zuzuführen.

Es liegt uns fern, diesen Hilfs-Oekonomiaten für unterstützungsbedürftige Personen irgendwelchen besonderen Stempel aufdrücken zu wollen, aber eine reinliche Scheidung zwischen dieser Gruppe von Oekonomiaten und den übrigen scheint uns dringend geboten inanbetracht der Gefahr, daß eine Verwischung des rein ökonomischen Charakters der Normal- und gehobenen Oekonomiate mit dem karitativen der Hilfs-Oekonomiate möglicherweise imstande wäre, bei der oberflächlich urteilenden Masse der Bevölkerung eine völlige Diskreditierung der ganzen Reform herbeizuführen.

Ein weiterer Grund, weshalb sich gegen eine Durchführung der Reform auf philanthropischer Grundlage die schwerwiegendsten Bedenken erheben, liegt darin, daß ein Aufbau auf dieser Basis höchstens imstande wäre, an der Oberfläche unseres Wirtschaftslebens einige hohle, schnell verpuffende Blasen zu treiben. Eine wirklich durchgreifende Wandlung unseres hauswirtschaftlichen Betriebes wird jedoch kaum auf andere Weise zu erzielen sein, als daß ihre Realisierung auf breitester Grundlage erfolgt. Daß aber diese breiteste Basis sicher nicht im Wohltätigkeitssinn der Bevölkerung gefunden werden kann, leuchtet wohl ohne weiteres ein. Leider sind die philanthropisch Gesinnten überall und zu allen

Zeiten dünn gesät, abgesehen von vereinzelten Wohltätigkeitsorgien, wie die englische nach Aufdeckung des namenlosen Wohnungselends der unteren Klassen der Londoner Bevölkerung, während die persönlich oder in ihrer Eigenschaft als Familienoberhaupt Interessierten immer noch die große Masse ausmachen. Kurzsichtige mögen über derartige Wohltätigkeitsorgien in helle Begeisterung geraten, der Tieferblickende nimmt sie als das, was sie sind: Als sicherstes Symptom für das Vorhandensein trostlosester wirtschaftlich-sozialer Zustände. Möge der Zeitpunkt nicht allzu fern sein, da der Wohltätigkeitssinn, dieser Rest einer primitiveren sozialwirtschaftlichen Entwicklungsphase, den sanften Tod der Altersschwäche sterbe.

Angenommen sogar, es käme in nächster Zukunft noch einmal zu einem gewaltigen Aufflackern menschlicher Hilfsbereitschaft, so wäre diese Bewegung nur als Mittel zu leichterer Ueberleitung in normalere Verhältnisse zu begrüßen. Sie wäre gleichsam der Lotse, der das in seichtes Fahrwasser geratene Staatsschiff über die gefährliche Stelle hinwegbrächte. Eine dauernde wirtschaftliche Hebung unseres Volkes könnte aber auf diesem Wege kaum erreicht werden. Dazu bedarf es anderer mächtigerer Hebel.

Wollte man nun die Doppelreform dieser Wohltätigkeitswoge anvertrauen, so wäre ihr Schicksal voraussichtlich bald besiegelt. Ueber kurz oder lang würde die Wohltätigkeitsflut in die Grenzen ihres natürlichen Bettes zurückebben, und in die Entwicklung der Reform würde erst ein Stillstand, dann der unausbleibliche Rückgang eintreten. Unterdes hätte aber diese Wohltätigkeitsexplosion höchstwahrscheinlich das Ergebnis gezeitigt, anderen nicht karitativ orientierten Unternehmern die ganze Frage in falschem Lichte erscheinen zu lassen, nämlich als eine Sache, mit der sie wenig oder nichts zu schaffen haben. Und das ist es gerade, was im Interesse einer stetig fortschreitenden Entwicklung der Reformbewegung vor allen Dingen zu vermeiden wäre. Hat aber die Reform erst einmal, wie in ihrer älteren Ausgabe aus dem vorigen Jahrhundert, Armeleutegeruch angenommen, so wird es schwer halten, sie nachträglich durch gründliche Durchlüftung von diesem bekanntlich überaus hartnäckigen Geruche zu befreien. Was wir also der Bewegung von allen Dingen zu wünschen hätten, das wäre eine rein wirtschaftliche Atmosphäre, da nur diese wirkliches Gedeihen verspricht.

Wir kommen zur dritten Kategorie der für die hauswirtschaftliche Reform inbetracht zu ziehenden Unternehmer: Den gewinnstrebenden Gesellschaften. So wünschenswert eine allmähliche Ausschaltung des Kapitalismus und Vergesellschaftung kapitalistisch geleiteter Großbetriebe u. E. ist, so lange unsere heutige kapitalistische

Welt- und Gesellschaftsordnung besteht, werden wir mit ihr zu rechnen haben.

Indessen möchten wir die Heranziehung des Kapitals nur für eine bestimmte Oekonomiats-Kategorie, die gehobenen Oekonomiate, befürworten. Da diese nur für finanziell gut gestellte Kreise infrage kämen, so dürfte hier dem Gewinnstreben der Gründer freier Lauf gelassen werden, besonders, da der naheliegende Vergleich mit den nichtkapitalistisch geleiteten Normal-Oekonomiaten diesem Streben ohne Zweifel gewisse Schranken ziehen würde.

Wenig geeignet erscheinen uns dagegen gewinnstrebende Gesellschaften zur Gründung von Normal-Oekonomiaten, und der Grundsatz der englischen Baugesellschaften „Philanthropie und fünf Prozent Gewinn" scheint uns wenig empfehlenswert, sobald es sich um die güterbedürftige Masse des Volkes handelt. Diese eigenartige Verbindung persönlicher Geschäftsinteressen und sozialer Menschheitsbeglückungsbestrebungen hatte, wie bei Owen, als individualistisch-sozialistische Uebergangserscheinung für eine gewisse Zeitepoche ihre Berechtigung. Heute, da wir auf der Bahn des Sozialismus ein gutes Stück weiter sind, hat sich diese Art der Versorgung der güterhungrigen breiten Schichten der Menschheit überholt. Wollte man die Gründung von Normal-Oekonomiaten gewinnstrebenden Unternehmern oder Unternehmergruppen anvertrauen, so würden sich das Gewinnstreben der Gründer und die Sparsamkeitstendenzen der zu versorgenden Bevölkerungsschichten von neuem feindlich gegenübertreten, und aus diesem Interessengegensatz müßte dann über kurz oder lang der alte Kampf zwischen dem Kapitalismus und der güterbedürftigen arbeitenden Menschheit mit neuer Heftigkeit aufflammen, ein Kampf, zu dessen Beseitigung ja gerade die Schaffung von Oekonomiaten das ihrige beitragen soll.

An eine völlige Ausschaltung gewinnstrebender Gesellschaften bei Gründung von Normal-Oekonomiaten braucht deshalb in der kapitalistisch-sozialistischen Uebergangsphase der Menschheit keineswegs gedacht zu werden. Gelingt es derartigen Verbindungen, die Kosten der Anlage und des Betriebs dieser Art von Oekonomiaten so minimal zu gestalten, daß der ökonomische Vorteil des Anschlusses an ein derartiges Unternehmen den infrage kommenden Bevölkerungskreisen ohne weiteres einleuchtet, so würden jedenfalls auch bei Gründung von Normal-Oekonomiaten Aktiengesellschaften und ähnliche Verbindungen eine gewisse Rolle zu spielen berufen sein. Gut wäre es vielleicht in diesem Falle, wenn diese Art von Oekonomiaten unter staatliche Kontrolle gestellt und dem Gewinnstreben der Gründer durch Festsetzung eines Höchstgewinns gewisse Schranken gezogen würden.

Im übrigen sind wir der Meinung, daß die letzten drei Unternehmergruppen: Genossenschaften, Gemeinden und der Staat die zur Gründung von Normal-Oekonomiaten bei weitem geeignetsten Unternehmer sein dürften. Welcher dieser drei Unternehmerkategorien hierbei die führende Rolle zufallen wird, das wird davon abhängen, welche Richtung unser Staatsschiff in nächster Zukunft einschlagen wird. Nimmt es seinen Kurs rückwärts zu Individualismus und Partikularismus, dann jedenfalls Zersplitterung der Oekonomiatsunternehmung und Gründung von Oekonomiaten durch kleinere Einheiten, wie Genossenschaften und Gemeinden, nimmt es seinen Kurs vorwärts zu einer großzügigen Synthese aller individualistischen und partikularistischen Einzelbestrebungen, dann wohl Oekonomiatsgründung durch Staat und Reich.

Eine Gründung auf genossenschaftlicher Grundlage würde sich überall da empfehlen, wo eine feste Organisation bereits vorhanden ist, also vor allen Dingen in Arbeiterkreisen, im organisierten Beamtentum und der mit großen Schritten starkem Zusammenschluß zustrebenden Bevölkerungsschicht der kaufmännischen Angestellten. Dabei wäre die Schwierigkeit, die bei Gründungen auf genossenschaftlicher Basis schon oft sich unangenehm fühlbar gemacht hat: Die Schaffung des Anlagekapitals, durch die schon an anderer Stelle erwähnte Verbindung mit Konsumvereinen, Versicherungsgesellschaften oder Sparkassen zu beseitigen. Ueberall da, wo eine derartige Verbindung nicht möglich, müßte freilich der Staat, unsere große „Allmutter", dem schwachen Kinde schon ein wenig auf die Beine helfen und seine ersten Gehversuche leiten. An eine zinslose Ueberlassung des Anlagekapitals durch den Staat brauchte dabei keineswegs gedacht zu werden. Auf die eine oder andere Art würden diese „geschenkten" Zinssummen doch wieder in Gestalt von Steuern auf die Bevölkerung zurückfallen. Beabsichtigt man freilich durch diesen Vorschlag eine gleichmäßigere Verteilung der Lasten, eine teilweise Uebertragung derselben von schwächeren auf stärkere Schultern, so ist natürlich nichts dagegen einzuwenden.

Wie schon an anderer Stelle betont wurde, hätte die genossenschaftliche Gründung und Leitung von Normal-Oekonomiaten zunächst den großen Vorteil, eine Verbilligung des Betriebs durch Selbstverwaltung herbeizuführen. Selbstverständlich ist dabei, daß man nicht den Verbilligungsfanatismus so weit treibt, alle Verwaltungs- und Betriebsarbeiten ausschließlich durch Genossen erledigen zu lassen, eine Methode, die in vielen Fällen, wenn der Genosse oder die Genossin doch nicht die für den zu verwaltenden Posten geeignetste Persönlichkeit ist, imstande wäre, das gerade Gegenteil von dem erhofften Billigkeitsergebnis herbeizuführen. Bei der Besetzung wichtiger Stellen dürfte also der Grundsatz, nur durchaus geeignete, gründlich geschulte Personen zur Mitarbeit heranzuziehen, zugunsten weniger geeigneter Genossen auf keinen Fall außer acht gelassen werden. Finden sich natürlich diese hochgeschulten Arbeitskräfte unter den Genossen, dann um so besser. Dann ist die Möglichkeit, ganz unter sich zu bleiben, gegeben, und kein Außenseiter braucht seine neugierige Nase in das Genossenschafts-Oekonomiat zu stecken.

Der zweite große Vorteil wäre der, daß der durch genossenschaftliche Verwaltung erzielte Gewinn ohne jeden kapitalistischen Abzug in die Tasche der Glieder der Genossenschaft fließen würde.

Und Gemeinden? Und Bundesstaaten und Reich? Würden sie sich voraussichtlich bereit finden, die ihnen in diesen Blättern zugedachte Oekonomiatsgründerrolle zu übernehmen? Mit Sicherheit läßt sich hier, besonders bei der in allen Kassen herrschenden Ebbe, kaum etwas voraussagen. Hatten nicht die drei bis vor kurzem in ihrem Bestreben, sich Zahlungsverpflichtungen gegenseitig zuzuschieben, noch eine ganz verzweifelte Aehnlichkeit mit jenen berüchtigten Dorfgemeinden, die im Finden von Mitteln und Wegen, sich Landstreicher und Dorfarme gegenseitig aufzuhalsen, den schlausten Kriegsgewinnler noch bei weitem an Schläue übertrafen? Aber schon beginnt, wenn nicht alle Zeichen trügen, sich die Situation zu klären. Schon beginnt sich das Bedürfnis fühlbar zu machen, inbezug auf wirtschaftliche Hilfen die Pflichtenkreise von Gemeinde, Staat und Reich scharf zu scheiden und jedem einzelnen sein festes Wirkungsgebiet zuzuweisen. Sehr zu wünschen wäre übrigens, daß über kurz oder lang aus der Drei- eine Zweiteilung würde, was ungemein zur Vereinfachung des Apparats beitragen dürfte.

Was zunächst die Gemeinde betrifft, so fangen Stadtverwaltungen ja heute ganz energisch an, Wohnungspolitik zu treiben. Da nun von der Wohnungs- zur Ernährungs- und Hauswirtschafts-Politik nur ein Schritt ist, ein Schritt, der in mancher Beziehung schon von ihnen gemacht worden ist, so ist wohl anzunehmen, daß Gemeindeverwaltungen nicht abgeneigt wären, bei Bestrebungen, die sowohl den Wohnungs- als den hauswirtschaftlichen Forderungen unserer Zeit gerecht werden, eine führende Rolle zu übernehmen. Ist dies der Fall, so dürfte die Frage der Schaffung des zur Oekonomiatsgründung nötigen Anlagekapitals eine weitere Lösung gefunden haben. Dabei dürften beide Beteiligte, Stadtverwaltung sowohl als Versorgungsbedürftige, auf ihre Kosten kommen, die erste in ihrem Bestreben nach mäßiger jedoch sicherer Kapitalverzinsung, die letzten in ihren Wünschen nach möglichster Reduktion hauswirtschaftlicher Kosten.

Da die Rolle, die beiden Unternehmer-Kategorien, dem Staat und Reich sowohl als der Kommune, bei der Oekonomiatsgründung zufiele, nicht wesentlich verschieden sein dürfte, so macht sich eine getrennte Behandlung beider überflüssig.

Haben großindustrielle Arbeitgeber schon frühzeitig die ihnen aus dieser Eigenschaft erwachsenden Konsequenzen gezogen, so sind Gemeinde und Staat sich ihrer Pflichten als Arbeitgeber verhältnismäßig spät bewußt geworden. Nur einer verschwindend geringen Anzahl ihrer Arbeitnehmer stellten sie Wohnungen zur Verfügung. Der größte Teil, namentlich das niedere Beamtentum und kommunale und staatliche Arbeiter jeder Art, ging dieser Vergünstigung verlustig, wurde im besten Fall durch Wohnungsentschädigungen abgefunden. Es liegt uns nun durchaus fern, etwa die Forderung auszusprechen, Staat und Gemeinde müßten für alle ihre Arbeitnehmer Wirtschaftseinheiten schaffen. Eine derartige Forderung entspräche weder dem Interesse des Arbeitgebers noch demjenigen jedes Arbeitnehmers. Aber von größtem Vorteile für beide wäre es jedenfalls, wenn Staat und Gemeinde die wirtschaftliche Sicherung derer übernehmen würden, die dauernd in ihren Diensten stehen.

Wie unzulänglich die bisher in dieser Beziehung getroffenen Maßnahmen sind, das beweisen die sich immer von neuem nötig machenden Aufbesserungen von Gehältern und Wohnungsgeldern, Kriegs- und Teuerungszulagen aller Art, die das ganze Verwaltungssystem von Tag zu Tag verwickelter gestalten. Welche Riesenvereinfachung könnte der gegenwärtige ungeheure Verwaltungsmechanismus erfahren, falls sich Staat und Gemeinde zur Oekonomiats-Gründung entschließen würden. Mit Leichtigkeit würden sie auf diese Weise den Ueberblick über ihr Haushaltsbudget, der ihnen unter den heutigen Verhältnissen fast verloren zu gehen droht, wiedergewinnen können. Es würde genügen, daß sie ihrem festen Beamten- und Arbeiterstamm in gutgeleiteten Normal-Oekonomiaten bei entsprechender Reduktion der Gehälter die allzu drückend gewordene Last von Wohnungs- und Verpflegungssorgen abnähmen.

Sollte dabei in nächster Zukunft die Entwicklung der wirtschaftlichen Verhältnisse eine Zunahme der Bevölkerung gutheißen, so könnten sie sich zugleich als große Bevölkerungspolitiker erweisen, wenn sie allen ihren Beamten und Arbeitern gleicher Art und gleicher Stufe ohne Unterschied inbezug auf die Größe der Familie gleiche Gehälter gewähren würden.

Würden auf diese Weise kinderreiche Familienväter von der drückenden Last der Versorgung einer großen Kinderzahl befreit, so dürfte die Kinderscheu, die heute in bestimmten, wirtschaftlich besonders belasteten Kreisen nur zu berechtigt ist, zusehends abnehmen.

Noch auf die besondere Leichtigkeit von staatlichen Oekonomiats-Gründungen an Orten, wo der Fiskus bereits Arbeiter-Siedlungen geschaffen hat,[161]) hinzuweisen, dürfte nach dem an anderer Stelle Gesagten überflüssig erscheinen. Die Unternehmer-Tätigkeit des Staates würde sich in diesen staatlichen Arbeiterkolonien auf die Schaffung der Wirtschaftszentrale beschränken können, für den Fall, daß die Arbeiterschaft der genossenschaftlichen Oekonomiats-Verwaltung den Vorzug gibt.

Also: Wenn irgend möglich, Scheidung und Verteilung der Unternehmer-Kategorien auf die verschiedenen Oekonomiats-Klassen, und zwar ungefähr so, daß sich Privatpersonen und philanthropische Verbindungen auf die Gründung der unteren Klasse, der Hilfs-Oekonomiate, zu beschränken, Genossenschaften, Gemeinden, Staat und Reich sich in die Schaffung von Normal-Oekonomiaten zu teilen hätten, je nach der Richtung, in welcher in nächster Zukunft der wirtschaftlich-politische Wind weht, während der Kapitalismus in der individualistisch-sozialistischen Uebergangsphase seine Verwandtschaft mit Luxusbestrebungen durch die Gründung von gehobenen Oekonomiaten zu bekunden Gelegenheit fände.

XIV.

Voraussichtliche Folgen der Reform für die Volkswirtschaft.

Außer den in der Volkswirtschaft sich unmittelbar fühlbar machenden Folgeerscheinungen dürfte die Reform allerlei sanitäre und sozial-ethische Wandlungen zur Folge haben, Wandlungen, die letzten Endes aber doch wieder im Wirtschaftsleben unseres Volkes zutage treten würden. Bei allen, direkten oder indirekten, gipfelt das Interesse des Volkswirts in der Frage: Was bedeuten diese Erscheinungen für den Besitzstand unseres Volkes? Sind sie geeignet, ein Sinken oder Steigen des Volksreichtums herbeizuführen?

Daß die Reform imstande sein dürfte, eine mehr negative Vermehrung des Volksreichtums durch sparsameren Verbrauch an Rohmaterialien und Nahrungsmitteln zu erzielen, das hoffen wir durch die bisherigen Ausführungen zur Genüge dargetan zu haben. Wie steht es indessen um die positive Seite der Frage? Kann angenommen werden, daß die Reform auch auf dem Gebiete der Produktion von günstigem Einfluß wäre? Denn was nützt uns die schönste Sparmethode, wenn nichts vorhanden ist, worauf sie sich erstrecken kann.

Die Antwort auf diese Frage ergibt sich von selbst, wenn man sich vergegenwärtigt, daß durch die Zentralisierung der Hauswirtschaft ein gewaltiges Heer von Personen, die bisher teils in der Konsumwirtschaft, teils im Kleinhandel beschäftigt waren, zu anderer Betätigung frei wird. Und wohin sollte dieser Strom freiwerdender Kräfte sich wohl ergießen, wenn nicht auf das Gebiet der Produktion, sei es zur Landwirtschaft, sei es zur Industrie. Also Uebergang einer großen Anzahl von Personen aus der Kategorie der Nur-Konsumenten in die der Produktiv-Tätigen. Haben wir gegenwärtig infolge des Mangels an Rohmaterialien einen Riesen-Ueberschuß an Arbeitskräften zu verzeichnen, so dürfte dieses gewaltige Reserve-Arbeiterheer bald aufgesaugt sein, sobald wieder Rohstoffe in genügender Menge ins Land hereinströmen und die Produktion nicht nur im alten, sondern in größerem Umfange als bisher aufgenommen wird. Sind wir erst einmal soweit, so wird jeder weitere Zuwachs an Arbeitskräften als Gewinn zu buchen sein. Denn was bedeutet inanbetracht unserer gewaltigen Schuldenlast jede Zunahme der Produktionskräfte anders als die Aussicht, um so eher von dieser furchtbaren Last befreit zu werden.

Dieses der Produktionswirtschaft zuströmende Arbeiterheer würde sich aus verschiedenen Lagern rekrutieren. Das größte Kontingent würden ohne Zweifel die in Menge freiwerdenden Hausfrauen stellen. In zweiter Linie würde dann wohl der Zustrom aus dem Kleinhandel kommen, während freiwerdende Dienstboten, deren Fahnenflucht aus der Konsumwirtschaft und Abschwenken auf andere Wirtschaftsgebiete ja schon in großem Umfange während der letzten Jahre erfolgt ist, den dritten schon spärlicher fließenden Strom bilden würden, wahrscheinlich verstärkt durch eine größere Anzahl von im Gasthausgewerbe überzählig werdenden Personen.

Bei den freiwerdenden Hausfrauen würden sich zwei Hauptgruppen ergeben. Die erste Gruppe würde diejenigen umfassen, die schon bisher im Berufsleben standen, die aber gezwungen waren, ihre Kräfte zwischen Berufsarbeit, Haushalt und Kindererziehung zu teilen. Diese wären nun in der Lage, ihre Kräfte voll der Berufsarbeit zuzuwenden, und die Folge dieser Konzentrierung ihrer Kraft würde sein, daß sie, was unter den gegenwärtigen Verhältnissen schlechterdings unmöglich ist, imstande wären, vollwertige Berufsarbeit zu leisten. Die Befreiung von Haushalt und Kinderpflege würde also eine Erhöhung ihrer Leistungsfähigkeit und diese wieder eine nicht unerhebliche qualitative Verbesserung der gelieferten Produkte zur unmittelbaren Folge haben. In den Arbeiterfamilien selbst würde aber diese erhöhte Berufsleistung in einer entsprechend besseren Bezahlung zum Ausdruck gelangen, was wieder von nicht zu unterschätzender sozialer Tragweite sein dürfte. Da nun der Volkswirtschaft daran gelegen sein muß, qualitativ möglichst einwandfreie Erzeugnisse herzustellen, um der Konkurrenz anderer Industrieländer die Stirn bieten zu können, so wird auch sie in ihrer Gesamtheit bei dieser Wandlung nicht zu kurz kommen.

Die zweite Gruppe umfaßt die bisher ausschließlich im Haushalte beschäftigten Frauen. War der wirtschaftliche Gewinn bei der ersten Gruppe hauptsächlich qualitativer Art, so ist er bei dieser zweiten Gruppe quantitativer Natur, entsprechend der Zahl der auf diese Weise für die Produktion gewonnenen Kräfte. Zieht man also dieses der Verbrauchswirtschaft entzogene Riesenquantum an Frauenkraft auf geschickte Weise zu produktiver Betätigung heran, so wäre es vielleicht nicht so unmöglich, unsere so tief gesunkene Erwerbswirtschaft nach endgültiger Beendigung der äußeren und inneren Feindseligkeiten in absehbarer Zeit wieder auf Friedenshöhe zu bringen.

Außer den im Haushalte beschäftigten Hausfrauen würden aber durch Umwandlung hauswirtschaftlichen Kleinbetriebs in die Großhauswirtschaft noch eine große Anzahl anderer im Kleinhaushalt hilfreiche Hand leistender Personen zur Betätigung auf produktiven Gebieten frei werden. Haustöchter und Dienstboten würden weiter, und zwar in erheblich gesteigertem Maße als bisher, den Weg aus der Konsumtions- in die Erwerbswirtschaft finden.

Weiter ist mit Sicherheit anzunehmen, daß, da der auf dem Engroseinkauf basierende hauswirtschaftliche Großbetrieb den Kleinhandel voraussichtlich auf sein Sterbelager werfen wird, auch viele Personen, die jetzt im Detailhandel beschäftigt sind, gezwungen sein werden, sich in der Erwerbswirtschaft ein Feld der Betätigung zu suchen, da die Möglichkeit, alle diese Personen im Großhandel und Verkehrswesen unterzubringen, wohl ausgeschlossen sein dürfte.

Und endlich ist es mehr als wahrscheinlich, daß die hauswirtschaftliche Reform auch nicht ohne Einfluß auf das Gasthausgewerbe bleiben würde. Viele, besonders männliche Personen, die unsere heutigen Verhältnisse zum Gasthausdasein zwingen, würden vielleicht nicht abgeneigt sein, die mannigfachen Schattenseiten eines solchen Daseins gegen die mancherlei Annehmlichkeiten und hohen ökonomischen Vorteile eines gut organisierten, vornehm geleiteten, ihre individuelle Freiheit in keiner Weise beschränkenden Oekonomiats zu vertauschen. Gehen nun viele diesen Weg vom Gasthaus zum Oekonomiat, so würde sich ohne Zweifel über kurz oder lang ein Ueberschuß an Kräften im Gasthausgewerbe fühlbar machen, der von diesem allmählich abgestoßen würde und jedenfalls, da der Großhandel ja genügenden Zustrom aus dem langsamer oder schneller dahinsterbenden Detailhandel haben dürfte, sich in der Landwirtschaft oder Industrie sein Arbeitsgebiet suchen müßte.

Vergegenwärtigen wir uns die Summe dieser durch die angestrebte Umgestaltung der Hauswirtschaft freiwerdenden Volkskraft, so könnte es fast als ein Ding der Unmöglichkeit erscheinen, diesen gewaltigen Ueberschuß arbeitshungriger Kräfte auf den anderen Wirtschaftsgebieten nutzbringend zu verwerten, als könnte das Angebot der Hände ein so großes werden, daß es bei weitem die Nachfrage übersteigen müsse. Sollte dieser Fall eintreten, so eröffnen sich neue, überaus erfreuliche soziale Perspektiven. Der Staat müßte dann durch allerlei gesetzliche Maßnahmen regulierend in das wirtschaftliche Räderwerk eingreifen. Vor allen Dingen hätte er für vollständige Unterdrückung aller Kinderberufsarbeit zu sorgen, um auf diese Weise die Kindheit wieder zu dem zu machen, was sie, gleichviel von welchem Standpunkte aus man die Sache betrachtet, nie hätte aufhören sollen zu sein: Zur Lebensperiode intensivster körperlicher und geistiger, durch keinerlei Berufsarbeit gehemmter Entwicklung.

Sollte aber auch nach dieser dringendsten, durch die Revolution bereits angebahnten sozial-wirtschaftlichen Reform noch ein weiterer Ueberschuß an arbeitsfreudigen, leistungsfähigen Händen und Köpfen vorhanden sein, ein Fall, der übrigens in den nächsten Jahren kaum eintreten dürfte, dann wäre auch diesem „Uebelstande" durch weitere gesetzliche Beschränkung der täglichen Arbeitszeit auf weniger als acht Stunden abzuhelfen. Macht man durch geeignete Maßnahmen dem menschlichen Parasitentum, in welcher Gestalt es auch auftrete, ein Ende, d. h. zieht man alle Arbeitsfähigen zur Mitarbeit am Volkswohl heran, so wäre es nicht unmöglich, daß selbst nach Rückkehr normaler wirtschaftlicher Zustände die jetzige Notmaßnahme einer Beschränkung der täglichen Arbeitszeit auf weniger als acht Stunden sich als dauernde Revolutionserrungenschaft erweisen würde. Selbstverständlich ist, daß, sollte die Zufuhr von Rohmaterialien aus dem Auslande uns gestatten, durch eine ins Riesenhafte gesteigerte Güter-Hervorbringung unsere Kriegsschuld umso schneller zu tilgen, der Achtstundentag noch auf Jahre, wenn nicht Jahrzehnte hinaus, die allgemeine Norm bleiben müßte.

Was diese dem Angebot von Händen und Köpfen und einer ökonomischen Konsumtion angepaßte Maximalarbeitszeit für die Menschheit bedeuten würde, das im einzelnen auszuführen, ist hier nicht der Platz. Sicher ist, daß auf diesem Wege, der vom hauswirtschaftlichen Großbetrieb seinen Ausgang nahm, um auf dem Umwege eines durch freiwerdende Nurkonsumenten erzielten, gewaltigen Kräfteüberschusses im erheblich verkürzten Maximal-Arbeitstag zu enden, breiten Massen des Volkes, die bis vor wenig Jahren froh waren, nach arbeitsreichem Tage kurze Ruhe zu finden, die Möglichkeit zu geistiger Weiterentwicklung und höherem Lebensgenusse geboten würde.

Als zweite Folge würde die „Modernisierung" der Konsumwirtschaft voraussichtlich eine beschleunigte Umwandlung des Kleinhandels in den Großhandel herbeiführen. Wie segensreich sich in wirtschafts-sozialer und manch anderer Beziehung eine allmähliche Beschränkung des Detailhandels erweisen würde, darüber dürften wohl so ziemlich alle, mit Ausnahme der Kleinhändler selbst, einer Meinung sein. Fern liegt es uns, für die verderblichen sozialen Folgen des Kleinhandels die Detailhändler selbst irgendwie verantwortlich machen zu wollen. Der Detailhandel ist, wie andere wirtschaftliche und soziale Erscheinungen, ein geschichtlich Gewordenes, das für eine bestimmte Zeitepoche vollste Berechtigung hatte. Er war der Zeit industrieller Kleinwirtschaft angepaßt, mutet aber seltsam an in einer Zeit wie der unseren, der der Stempel der Großwirtschaft mit aller Deutlichkeit aufgedrückt ist.

Man braucht kein großer Prophet zu sein, um vorauszusagen, daß der Kleinhandel seinem Ende entgegengeht. Es fragt sich nur: Wird sein Todeskampf ein langer, wird er ein kurzer sein? Da nun ein langes Siechtum nie einen das Auge erfreuenden Anblick bietet, dürfte die Menschheit vielleicht ein gewisses Interesse daran haben, seinen Todeskampf möglichst zu beschleunigen, diesen letzten Mohikaner einer vergangenen Wirtschaftsepoche, soweit ihm das überhaupt möglich ist, „in Schönheit sterben" zu lassen. Eigentlich hätte er für alle die Missetaten, die er während seines Räuberdaseins verübt, ein anderes Ende verdient. Man mag noch so sehr mildernde Umstände heranziehen, im Grunde ist und bleibt der Kleinhandel ein rechtes Schmarotzergewächs am Wirtschaftskörper der Menschheit, dessen Wirkung um so verderblicher ist, je weniger der Teil der Menschheit, dem dieser Parasit mit Vorliebe Saft und Kraft aussaugt, selbst Kraft besitzt.

Von der gegenwärtig im Handel, Groß- wie Kleinhandel, herrschenden Anarchie, der schamlosen Ausbeutung weiter Kreise durch das gefräßige Heuschreckenheer der Gelegenheitshändler wollen wir schweigen. Aber auch ohne diese wildesten Auswüchse des heutigen Handels, auch ohne die grenzenlose Entartung eines Teiles der Händlerschaft wäre es hohe und höchste Zeit, der Aussaugung unseres Volkes durch den Kleinhandel ein baldiges Ende zu bereiten. Der hauswirtschaftliche Großbetrieb ist das Mittel, dieses Ziel ohne Gewaltmaßnahmen zu erreichen. Er wäre imstande, dem an unserer Volkskraft zehrenden Kleinhandel seine letzte auf der geringen Kauf- und Zahlkraft breiter Volksschichten fußende Berechtigung zu nehmen.

Abgesehen von diesen sozial-wirtschaftlichen Gründen, die einer Beseitigung des Kleinhandels das Wort reden, sprechen auch noch solche ästhetischer Art mit. Niemand wird behaupten wollen, daß die unzähligen Kleinläden, die sich in unseren Städten, vom Zentrum bis in die entlegensten Vorstädte, breit machen, geeignet wären, zur Verschönerung derselben beizutragen. Nehmen wir eine unserer ersten Berliner Verkehrsstraßen, die Friedrichstraße. Welch traurigen Anblick bietet sie zum großen Teile dem unbefangenen, nicht an lokalpatriotischer Verblendung krankenden Beschauer, der, fragt er sich nach der Ursache dieses kläglichen Eindrucks, gar bald erkennt: Das trostlose Sammelsurium der Kleinläden ist es, das dem Bilde unserer Städte ihren eigentümlichen stil- und formlosen Charakter aufgeprägt hat. Verschwinden die meisten dieser Läden, so darf man vielleicht hoffen, daß unsere Großstädte ihr in mancher Beziehung noch an mittelalterliche Zustände erinnerndes Aussehen — Liebhaber dieser Zeitepoche mögen das romantisch finden; für uns ist das Schönste am Mittelalter, daß es eben Mittelalter und nicht Gegenwart ist — endlich verlieren, um sich den Stempel großwirtschaftlicher Neuzeit aufdrücken zu lassen.

Als weitere Folge hauswirtschaftlicher Zentralisation würde schon in der Uebergangsperiode, also auch ohne Neugründung von Oekonomiaten, ein Rückgang der Wohnungsnot zu verzeichnen sein. Wie schon an anderer Stelle erwähnt wurde, würden bei kollektivistischer Speisenzubereitung sich Kleinküchen und andere Nebenräume als überflüssig erweisen und zu Schlaf- und Wohnzwecken Verwendung finden können. Diese indirekte, auf Raumersparnis beruhende Erweiterung des Wohnspielraums könnte durch Teilung größerer Wohnungen in kleinere unzähligen Wohnungsbedürftigen den Weg zu erträglichen, wenn auch keineswegs befriedigenden Wohnungsverhältnissen bahnen. Selbstverständlich ist, daß die Initiative zu diesem Vorgehen in der Wohnungsfrage — Teilung größerer Wohnungen in kleinere nach Zentralisierung hauswirtschaftlichen Betriebs — nicht allein den Hausbesitzern überlassen bliebe, da die Erfahrung gelehrt hat, daß viele unter ihnen zu derartigen der Allgemeinheit dienenden, ihnen selbst aber manche Unbequemlichkeit schaffenden Maßnahmen nicht allzu leicht zu haben sind. Man müßte ihrer Willigkeit schon durch gesetzliche Maßnahmen ein wenig nachzuhelfen suchen. Dem Staate fiele auch die Aufgabe zu, einer böswilligen Verzögerung der zu treffenden Maßnahmen durch scharfe Ueberwachung der Ausführung der gesetzlichen Bestimmungen aufs energischste entgegenzutreten. Außerdem wäre eine Anpassung der durch den voraussichtlichen Rückgang des Kleinhandels freiwerdenden Läden an Wohnzwecke in Erwägung zu ziehen, um für die Zeit des Uebergangs in neue Lebensverhältnisse einem möglichst großen Teile der wohnungshungrigen Bevölkerung Unterkunft zu bieten.

Die bisher besprochenen Maßnahmen würden auf eine Verbesserung der Wohnungszustände in quantitativer Hinsicht hinauslaufen. Bekanntlich hat die Wohnungsnot aber auch eine qualitative Seite. Eine Hebung der Wohnungsverhältnisse in qualitativer Beziehung würde in jedem Falle, aber ganz besonders da eintreten, wo die infolge Zentralisierung des hauswirtschaftlichen Betriebes freiwerdenden Räume nicht für andere Wohnungsbedürftige benötigt würden und so dem Wohnungsinhaber und seiner Familie zugute kommen könnten, ein Fall, der wohl besonders häufig bei angepaßten Kleinhaus-Oekonomiaten eintreten dürfte. Die Wohnungen würden sowohl in sanitärer als ästhetischer Beziehung unendlich gewinnen, in sanitärer dadurch, daß eine Verteilung derselben Anzahl von Personen auf zahlreichere Schlafräume gesundheitfördernd wirkt, in ästhetischer Hinsicht aber insofern, als durch den Wegfall vieler dem hauswirtschaftlichen Betriebe nun einmal anhaftenden Gerüche und Unsauberkeiten eine nicht unwesentliche Verschönerung der Wohnung eintreten würde. An Stelle einer im Raume beschränkten, beim besten Willen nicht völlig sauber zu haltenden, zu bestimmten Zeiten von Speise-, Wasch- und anderen Gerüchen durchzogenen Wohnung würde ein geräumiges, geruchfreies und mit geringer Mühe absolut rein zu haltendes wohnliches Heim treten.

Während in den Jahren des Uebergangs wahrscheinlich die quantitative hinter der qualitativen Verbesserung der Wohnungszustände zurücktreten würde, so wäre zu hoffen, daß man später durch Oekonomiats-Neugründung dem angestrebten Ziele einer sowohl quantitativen als qualitativen Hebung der Wohnverhältnisse immer näher kommen würde.

Ist die Wohnungsnot kaum anders als schrittweise zu beseitigen, wenn auch die Größe der Schritte vom Schneckengang bis zu den bekannten Siebenmeilenstiefelschritten eine sehr verschiedene sein kann, so würde die Beseitigung einer andern, der Dienstbotennot, in etwas anderem Tempo erfolgen. Sie würde durch die infolge Schaffung hauswirtschaftlicher Großbetriebe zurückgehende Nachfrage, die leicht durch das Freiwerden von Hausangestellten nach Aufgabe vieler Kleinhaushalte gedeckt werden könnte, gleichsam in sich selbst zusammenfallen. Der gegenwärtig auf diesem Gebiete herrschende Mangel an geeigneten Kräften würde also voraussichtlich schon bald nach der Durchführung hauswirtschaftlicher Reform beseitigt sein. Mit steigender Zahl der Oekonomiate dürfte sich sogar, wie schon erwähnt, ein Ueberschuß an Hausangestellten ergeben, der einen willkommenen Zustrom für andere Wirtschaftsgebiete bedeuten würde.

Schon seit langem macht sich eine zunehmende Abneigung junger Mädchen gegen eine Anstellung im Haushalt bemerkbar, was bei den durchaus ungünstigen Bedingungen der bisherigen hauswirtschaftlichen Anstellung nur zu erklärlich erscheint. Schlechte Bezahlung, geringe persönliche Freiheit, kautschukartige Ausdehnbarkeit des Pflichtenkreises, geringes Ansehen, zuweilen rohe Behandlung: Wer kann es ihnen bei dieser Blütenlese der Freuden ihres Daseins verdenken, daß sie, als sich ihnen Gelegenheit bot, in andere Berufe, besonders in die hochbezahlte Kriegsindustrie, abzuschwenken, diese ohne langes Zögern ergriffen. Und die Folge davon war, daß viele Frauen, und zwar beruflich tätige weibliche Personen, nicht nur die wenig wirtschaftlich belasteten „Nur-Hausfrauen", wohl oder übel gezwungen waren, neben ihrer Berufsarbeit auch grobe und gröbste Hausarbeit selbst zu verrichten. Oberflächliche Beobachter mögen das natürlich finden, der klar und gerecht Denkende muß einsehen, daß eine derartige Doppelbelastung auf die Dauer nicht ohne ungünstige Folgen für die so Belasteten bleiben kann und daß es nur in den seltensten Fällen ganz ohne Schädigung der einen Tätigkeit durch die andere abgehen wird.

Wie sehr diese beruflich arbeitenden Frauen besser gestellter Kreise unter den jetzigen auf hauswirtschaftliche Hilfe zugeschnittenen Zuständen seufzen, wie sehr es sie nach einer Aenderung ihres hauswirtschaftlich-beruflichen Jammerdaseins verlangt, das beweisen allerlei nicht zu verkennende Symptome. Nachdem ihnen durch fortgesetzten Dienstbotenwechsel und mannigfache andere hauswirtschaftliche Nöte der eigene Hausstand gründlich verleidet worden war, haben sich, oft nach langem Zögern, viele von ihnen entschlossen, den ganzen so freudenreichen hauswirtschaftlichen Kleinbetrieb an den Nagel zu hängen und andere sich an ihrer Stelle die Köpfe zerbrechen zu lassen, wie all diesen Nöten standzuhalten sei. Daß sie dabei sozusagen instinktiv dem Großhaushalte, — in diesem Falle der Familienpension — zustrebten, ist nur ein Beweis dafür, daß der Drang nach hauswirtschaftlicher Zentralisation sich zu verallgemeinern und sogar bei der Frau selbst trotz ihres im allgemeinen überaus starken Festhaltens am Althergebrachten sich durchzusetzen beginnt. Wahrlich, eine wirtschaftliche Not, die diesen Widerstand zu brechen imstande ist, beweist schon allein dadurch, wie stark sie ist. Natürlich wußten diejenigen, die sich zu diesem Schritte entschlossen, daß sie die ersehnte Befreiung von unerträglich gewordenen hauswirtschaftlichen Nöten teuer zu bezahlen haben würden. In manchen Fällen stempelten die hohen Hotel- und Pensionspreise diesen Schritt zu einer wahren Verzweiflungstat.

Man könnte uns hier einwenden, daß es bei den meisten in erster Linie Verpflegungsschwierigkeiten waren, welche die in Familienpensionen Gestrandeten in diesen letzten Rettungshafen trieben. Diese Tatsache im allgemeinen zugegeben, sind die Fälle durchaus nicht selten, wo die Verzweiflung der Hausfrau über ihre erfolg- und hoffnungslosen Anstrengungen, für ihre von besseren Verdienst- und Freiheitsaussichten eingefangenen Mädchen einen passenden Ersatz zu finden, den letzten Anstoß zur Uebersiedlung in die Pension gab. Hier wie beim Anschluß an das zu gründende Oekonomiat ein Uebergang von dem an tausend Dingen krankenden Kleinhaushalt zum vorteilhafteren hauswirtschaftlichen Großbetrieb, nur mit dem Unterschiede, daß der in der Pension erzielte Gewinn in die Tasche des Inhabers fließt, während er im Oekonomiate zum großen Teile in der eigenen Tasche bleiben oder in Gestalt von Dividenden in sie zurückfließen würde. Wer nicht gerade Kriegsgewinnler ist, dem dürfte die Wahl zwischen beiden Systemen nicht allzu schwer fallen.

Eine der volkswirtschaftlich nicht hoch genug zu veranschlagenden Folgen hauswirtschaftlichen Kollektivbetriebs wäre weiter in einer mit voller Sicherheit zu erwartenden Hebung der Volksgesundheit zu suchen. Hier handelt es sich aber weniger um die Uebergangsperiode, als um die Zeit der vollständigen Durchführung der Doppelreform.

Gewiß würden infolge der sich langsam aber sicher vollziehenden Umwandlung irrationeller Kleinhaushalts- in rationelle Oekonomiats-Ernährung schon während der Oekonomiats-Anpassungs-Phase die sanitären Folgen der Reform in einer erheblichen Entlastung von Krankenkassen und Krankenhäusern in die Erscheinung treten. Eine wirklich einschneidende Wirkung würde aber wohl erst dann einsetzen, wenn normalere wirtschaftliche Zustände eine Neugründung von Oekonomiaten gestatten und gesunde Oekonomiats-Wohnungen es verhindern, daß die durch die besseren Ernährungsverhältnisse herbeigeführten günstigen sanitären Folgen des Großhaushalts durch hochgradig ungünstige Wohnungsverhältnisse beeinträchtigt werden.[162]) Tritt an die Stelle der ungesunden, staub- und geruchgeschwängerten, räumlich beschränkten Arbeiterwohnung von heute die gesunde, geräumige, staub- und geruchfreie Oekonomiatswohnung, an die Stelle ungenügender, irrationeller Ernährung[163]) des jetzigen Volkskleinhaushaltes — beides Eigenschaften, an denen unsere Volksernährung auch schon in Friedenszeiten krankte, — die vernunftgemäße, den Ernährungsforderungen durchaus angepaßte Oekonomiats-Verpflegung, so müßte es nicht mit rechten Dingen zugehen, würde die Erkrankungsziffer nicht allmählich eine ganz bedeutende Reduktion erfahren. Der beseitigten Erkrankungsursache würde mit Naturnotwendigkeit eine Verminderung der Krankheitserscheinungen folgen, und eine unter anderen Lebensbedingungen heranwachsende gesündere, kräftigere Generation würde dafür sorgen, daß allerlei Krankheits- und Ansteckungskeime einer derartig gesteigerten körperlichen Widerstandskraft begegnen würden, daß sie nach kurzem Kampfe geschlagen das Feld räumen müßten.

Dem Staatsbudget würde sich dieser Umschwung in den gesundheitlichen Verhältnissen der Bevölkerung durch ein Zusammenschrumpfen der Rubriken: Krankenkassen, Krankenhäuser, Krankenunterstützungsgelder überaus wohltätig erweisen. Die Sterblichkeitsrate, die in manchen Orten, besonders in unseren übervölkerten Großstädten, eine geradezu erschreckende Höhe zeigt, würde unter den total veränderten Oekonomiats-Lebensbedingungen eine auffallende Tendenz zum Sinken erkennen lassen. Und so und soviele Krankheitsfälle, so und soviele Todesabgänge weniger, was bedeutet das anders als einen diesem Rückgange der Erkrankungs- und Sterblichkeitsrate entsprechenden Gewinn an Volkskraft und bei richtiger Verwendung dieser der Krankheit, dem Tode abgerungenen Kraft ein Wachsen der Produktion, eine Vermehrung der Güter und Hebung des Volkswohlstandes?

Wird unter den neuen Lebensverhältnissen schon im allgemeinen ein Sinken der Sterblichkeitsziffer zu verzeichnen sein, so wird diese Erscheinung an einer besonderen Kategorie von Todeskandidaten, die doch eigentlich alle Berechtigung hätten, ausschließlich unter die entgegengesetzte Menschheitsgruppe der Lebensaspiranten gezählt zu werden, noch weit auffallender hervortreten. Alle die unter den heutigen Verhältnissen dem Tode geweihten jungen Leben, diese Hekatomben, die jährlich unserer irrationellen am hauswirtschaftlichen Kleinbetriebe krankenden Säuglingspflege zum Opfer fallen, könnten zum großen Teile den Händen des Allwürgers entrissen, durch rationelle Kinderpflege gekräftigt und gesund an Leib und Seele dem Tische des Lebens zugeführt werden.

Gewiß scheinen in Deutschland in dieser Beziehung die Dinge besser zu liegen als in anderen Industriestaaten.[164]) Ein Schrei der Entrüstung ging durch die englische Presse, als vor einigen Jahrzehnten durch sozialgesinnte Schriftsteller darauf hingewiesen wurde, daß in bestimmten großen Industriezentren nicht nur eine unglaubliche Vernachlässigung in der Säuglingspflege grassiere, sondern der Kindermord geradezu systematisch betrieben wurde mit Hilfe von Beruhigungsmitteln, die aus Opiaten hergestellt wurden und natürlich die Gesundheit der Säuglinge aufs schwerste schädigten.[165]) Diese Allhelfer, wie das berüchtigte „Godfrey's Cordial", waren um die Mitte des vorigen Jahrhunderts in gewissen Kreisen der englischen Bevölkerung allgemein verbreitet, und ihnen gelang es in Vereinigung mit all den anderen trostlosen Lebens- oder besser gesagt Todesumständen in der Regel binnen kurzem, das junge unwillkommene Leben wieder still in das Schattenreich, aus dem es gekommen, zurückzubefördern, meist zur großen Erleichterung seiner vielleicht weniger entarteten als durch den Druck unerträglicher Lebensverhältnisse abgestumpften Mutter. Sind bei uns derartige Fälle nur vereinzelt bekannt geworden, so ist doch die Notwendigkeit, eine Besserung der Zustände in der heutigen Säuglingspflege herbeizuführen, auch in Deutschland eine zwingende.

Die Stimmen, die bis zum großen deutschen Zusammenbruch für schleunigste Ausfüllung der durch den Krieg geschlagenen Bevölkerungslücken plädierten, sind angesichts der augenblicklichen furchtbaren Notlage unseres Volkes verstummt. Mit Recht. Nicht das ist jetzt die Frage, neues Menschenmaterial in Menge zu schaffen. Geradezu grotesk mutete es an, wenn man noch vor kurzem mit wirtschaftlicher Blindheit Geschlagene über die zunehmende Ehe- und Kinderscheu jammern hörte. Erfreulicherweise hat sich die große Masse als einsichtiger erwiesen als diese blinden Propheten. Sie scheint entschlossen zu sein, erst dann wieder zur schnelleren Wiederbevölkerung Deutschlands beizutragen, wenn wieder Aussicht vorhanden ist, Kinder angemessen ernähren zu können, und setzt sich hinweg über allerlei von überklugen Bevölkerungspolitikern geschaffene, die Frauenwelt und unser gesamtes Wirtschaftsleben schwer schädigende Willkürgesetze.

Liegt nun aber ein Grund, unter den gegebenen wirtschaftlichen Verhältnissen Wiederbevölkerungspolitik in großem Maßstabe zu treiben, nicht vor, so wird unsere Pflicht, das vorhandene und den geringen Zuwachs an neuem Menschenmaterial durch geeignete Mittel am Leben zu erhalten und außerdem qualitativ nach Kräften zu heben, umso gebieterischer. Ihnen, den schon Geborenen, gelte in nächster Zeit unsere erste Sorge. Rationelle Kinderpflege. Das sei unsere Losung. Und wo wäre wohl diese „modernisierte“ vernunftgemäße Kinderpflege leichter möglich als im zentralisierten hauswirtschaftlichen Großbetrieb? Bei Oekonomiats-Säuglingspflege dürfen wir hoffen, manches winzige Lebensflämmchen, das in dem schwächlichen Körper eines jungen Erdenbürgers nur trübe flackert und unter den in seiner Umgebung gegebenen ungünstigen Lebensverhältnissen zu verlöschen droht, durch die geschickten Hände einer auf diesem Gebiete gründlich geschulten Person kräftig anzufachen und zur starken Flamme zu entwickeln.

Selbst angenommen, daß die Fälle absichtlicher Sänglingsvernachlässigung zum Zwecke straffreier Entledigung unwillkommenen Familienzuwachses bei uns zu den äußersten Seltenheiten gehören, unbeabsichtigte, durch Berufsarbeit herbeigeführte Vernachlässigung, falsche Ernährung, verkehrte Behandlung in Krankheitsfällen, ungenügende Körperpflege, dürften auch bei uns nicht weniger häufig zu finden sein als in den anderen großen Industrieländern. Da dies nun alles Uebelstände sind, die bei einer sachgemäßen Oekonomiatspflege in Wegfall kämen, so hätte die Gesellschaft auch aus diesem Grunde an der Gründung von Oekonomiaten kein geringes Interesse.

Und endlich eine Begleiterscheinung hauswirtschaftlichen Kollektivbetriebs, die schon unzählig oft als Folge der Wohnungsreform herangezogen worden ist, die aber nun, durch hauswirtschaftliche Reform verstärkt, in den Oekonomiaten noch auffallender zutage treten würde.

Man hat oft darauf hingewiesen, daß es kein Wunder sei, wenn der Mann der unteren Volksschichten dem Wirtshause zustrebt, um sich, wenn es gut geht, zu einem temporären Trinker, in schlimmen, leider nicht seltenen Fällen aber zu einem notorischen Trunkenbolde zu entwickeln, da er vom vielgerühmten Familienleben ja eigentlich nur die Schattenseiten kennen lerne, als da sind: Engstes Zusammenleben mehrerer Personen auf beschränktem Raume, Kindergeschrei bei Tag und bei Nacht, Speisegerüche, Wasch- und Plättdünste, Ausströmungen trocknender Wäsche, Ofengerüche und Ofendämpfe und was der hauswirtschaftlichen und Familien-Annehmlichkeiten mehr sind. Ist in dieser Hinsicht durch Bestrebungen auf dem Gebiete der Wohnungsreform schon eine Milderung der schlimmsten Uebelstände eingetreten, so dürfte durch Verbindung von Wohnungs- und hauswirtschaftlicher Reform eine wirklich radikale Beseitigung dieser unerfreulichen, den Arbeiter in die Kneipe treibenden Zustände des heutigen Arbeiter-Kleinhaushalts zu ermöglichen sein. Verschwindet der zuweilen einem Aufenthalte des Schreckens gleichkommende heutige Volks-Kleinhaushalt und tritt an seine Stelle der von der Hauswirtschaft und ihren unzertrennlichen Begleiterscheinungen befreite Oekonomiatshaushalt, so verschwindet für unendlich viele Männer auch der Grund, der sie das Wirtshaus aufsuchen heißt. Findet der von der Tagesarbeit ermüdete, nach Ruhe und harmonischer Umgebung verlangende Arbeiter ein Heim, wo seine zuweilen halb unbewußten, aber mit umso intensiverer Stärke auftretenden Bedürfnisse nach Licht und Wärme, Reinheit, Ruhe und schlichter Schönheit Befriedigung finden, trifft er bei der Rückkehr von der Arbeit anstatt der unter der schweren Bürde ihrer Arbeit und ihrer Sorgen fast erliegenden früh gealterten, stetig klagenden Arbeiterfrau von heute mit ihrem in der ewig gleichen Tretmühle grauen Alltags verengten geistigen Horizont eine entlastete, frische, geistig regsame Arbeits- und Gesinnungsgenossin, mit der auch eine andere Unterhaltung als nur über die alltäglichsten Gegenstände des Lebens möglich ist, findet er statt unterernährter, dürftig gekleideter und mangelhaft erzogener Sprößlinge, über die er womöglich noch ein bis zur väterlichen Rückkehr aufgeschobenes Strafgericht halten soll, eine fröhliche Schar gesunder, frischer, sauber und anständig gekleideter, unter der wirksameren Zucht von dazu berufenen Personen beizeiten an Selbstbeherrschung und sonstige gesellschaftliche Tugenden gewöhnter Kinder, so wird sein gemiedenes Heim bald seine Schrecken verlieren und zum Orte freudigen Genusses und stiller Erholung für ihn werden.

Weit mehr noch als Bestrebungen einseitiger Wohnungsreform scheint uns also die in der Gründung von Oekonomiaten zu verwirklichende Wohn-hauswirtschaftliche Doppelrefom geeignet zu sein, das Heimgefühl des Arbeiters zu stärken und im Gefolge dieses erstarkten Heimgefühls einen erheblichen Rückgang des Kneipenlebens herbeizuführen. Kommen dann, wie nach den Erfahrungen auf dem Gebiete der Wohnungsreform mit Sicherheit anzunehmen ist, beim Arbeiter noch allerlei andere Tugenden, wie Sparsamkeit, Ordnungsliebe, ein gesteigertes Schönheitsgefühl, das sich sowohl in einer bessern Pflege seines Aeußeren als in Verschönerungen seiner Umgebung kund tut, zur freien Entfaltung, so ist die Zeit vielleicht nicht mehr allzu fern, da es ihm gelungen sein wird, eine ähnliche, wenn nicht höhere soziale Stufe zu erklimmen, als sie sein glücklicherer Genosse jenseits des Ozeans schon seit langem erstiegen hat. Daß aber eine derartige sowohl äußere als innere Wandlung des Volkstypus nicht ohne Einfluß auf unser Wirtschaftsleben bleiben und in einem erhöhten Volkswohlstand zutage treten würde, das im einzelnen nachzuweisen erübrigt sich wohl.

Fassen wir das Ergebnis unserer Untersuchungen über die voraussichtlichen wirtschaftlichen Folgen der Doppelreform zusammen, so lautet es dahin: Der Einfluß hauswirtschaftlichen Großbetriebs auf unser Wirtschaftsleben dürfte sich in jeder Beziehung als so überaus günstig erweisen, daß eine Förderung hauswirtschaftlicher Reformbestrebungen heute mehr als je im Interesse der Gesellschaft liegt.

XV.
Schluß.

Wir hoffen, daß es uns in diesen Blättern gelungen ist, nicht nur den Beweis zu erbringen, daß eine Zentralisierung der Hauswirtschaft vom volkswirtschaftlichen Standpunkte aus dringend geboten erscheint, sondern auch die Möglichkeit einer solchen Reform in Verbindung mit der eng mit ihr verwachsenen Wohnungsreform unzweifelhaft zu begründen, die Schwierigkeiten, die sich ihr heute noch entgegenstellen, als nicht unüberwindliche zu kennzeichnen und die Gründe, die für die Wahrscheinlichkeit ihres Erfolges sprechen, überzeugend darzulegen.

Wir hoffen weiter, daß unsere Leser erkannt haben, daß die Reform durchaus nichts Entwicklungsfeindliches, Sprunghaftes oder Gewaltsames an sich hat, obgleich bei unserer heutigen explosionsartigen Menschheitsentwicklung auch solche Wesenseigenschaften durchaus nicht allzu verwunderlich wären, daß sie nur einen etwas größeren Schritt in der natürlichen, stetig fortschreitenden Entwicklung menschlicher Wirtschaft bedeutet, einen Schritt, der nur deshalb etwas groß erscheint, weil es die Konsumwirtschaft versäumt hat, mit ihrer Schwester, der Produktionswirtschaft, in den letzten Jahrhunderten gleichen Schritt zu halten.

Ziehen wir die voraussichtlichen Folgen der Reform gebührend inbetracht, so ist anzunehmen, daß wir es hier mit einer wirtschaftlichen Erscheinung zu tun haben, die imstande wäre, immer weitere Kreise zu ziehen, immer höhere soziale Wellen zu schlagen, einer Erscheinung, die nicht nur das Interesse einzelner Bevölkerungskreise verdient, sondern die würdig wäre, in den Kreis der Betrachtungen aller zu treten und der Gemeinde sowohl als dem Staat als Ausgangspunkt für umfassende sozial- und wirtschaftspolitische Maßnahmen zu dienen. Der Staat besonders, sowohl in seiner Eigenschaft als Arbeitgeber als in seiner Rolle eines obersten regulierenden Faktors in allen wirtschaftlich-sozialen Nöten, einer Rolle, die er zuweilen nur mit etwas geringem Verständnis für die wirklichen Volksbedürfnisse spielt, hätte zahlreiche schwerwiegende Gründe, durch energisches Eingreifen in den Gang unserer Volkswirtschaftsmaschine unsere heutige Konsumwirtschaft aus ihren der

Gegenwart unwürdigen engen Fesseln hauswirtschaftlichen Kleinbetriebs zu befreien und sie der Großwirtschaft zu erschließen. Auf diese Weise wäre es möglich, den größten Teil der im Kleinhaushalt stagnierenden Volkskraft in Fluß zu bringen und dem befruchtenden Strome produktiver Betätigung zuzuleiten.

Kann er, der unter den heutigen Verhältnissen mehr als je gezwungen ist, den Verbrauch unseres Volkes an Rohmaterialien und Nahrungsmitteln so sparsam als möglich zu gestalten, an dieser intensivsten Sparmethode geschlossenen Auges vorübergehen, einer Methode, die nicht, wie so viele andere, darauf gegründet ist, dem Volke neue empfindliche Einschränkungen aufzuerlegen, sondern bei der das Sparen einzig und allein durch rationelle Bewirtschaftung erzielt wird.

Kein Zweifel. Die heutige Zeit drängt zur Großwirtschaft. Beeilen wir uns, diesem Entwicklungsdrange auch in der Konsumwirtschaft Folge zu leisten, damit sie nicht länger den toten Punkt im Wirtschaftsleben der Menschheit bedeute und künftige Geschlechter, wenn sie die Bilanz unserer Zeit zu ziehen haben, nicht das Urteil fällen, wir hätten die Zeichen der Zeit nicht verstanden.

Anmerkungen.

1) Es ließe sich darüber streiten, ob man nicht in den Owenschen Bestrebungen oder in der bereits 1832 gegründeten „Caisse du pain" von Gebweiler, die ihre Tätigkeit bald nachher auf den Engroseinkauf von Holz, Mehl und Kartoffeln ausdehnte, den eigentlichen Ausgangspunkt der Konsumvereine zu suchen hat.

2) Lebensmittel im weiteren Marxschen Sinne: Alles zum Leben Nötige, also nicht identisch mit Nahrungsmittel.

3) Siehe Bibl.: Riedler.

4) Von einer Bearbeitung des von mir gesammelten statistischen Materials über Erzeuger-, Groß- und Kleinhandelspreise habe ich bei näherem Zusehen, als sich die Lückenhaftigkeit desselben herausstellte, abgesehen. Es lag mir vor allen Dingen daran, zu zeigen, wie hoch sich die Ersparnis bei direktem Bezuge vom Erzeuger stellen würde. Hier stieß ich auf die erste Lücke des infrage kommenden Materials: Erzeugerpreise aus der Vorkriegszeit sind so gut wie nicht vorhanden. Und was die Kriegs-Erzeugerpreise betrifft, so weiß ein jeder, daß sie in unendlich zahlreichen Fällen nur auf dem Papiere stehen, während in Wirklichkeit ein wohlorganisiertes Schleichhandelssystem ganz andere Preise festlegt. Eine auf solchem Material fußende Berechnung würde also mit den tatsächlichen Verhältnissen wenig gemein haben und außerdem ein für normale Wirtschaftszustände völlig wertloses Zerrbild ergeben.

Was aber Groß- und Kleinhandelspreise angeht, so sind wohl die Vorkriegspreise (Reiches Material bei Eulenburg, S. 420, flg. S. Bibliogr.) endgültig abgetan, und auch die denkbar günstigsten Zukunftsmöglichkeiten werden sie kaum zurückbringen, während man bei den Kriegspreisen völlig die Empfindung hat, auf einem jedem Druck nachgebenden Sandboden zu stehen, der die Belastung statistischer Berechnung in keiner Weise verträgt und alle dahin gehenden Versuche zu schanden macht. Erst dann, wenn sich unser Wirtschaftsleben wieder in normaleren Bahnen bewegt, wird die Möglichkeit gegeben sein, die drei Preisgruppen auf festerer Grundlage zum Vergleiche heranzuziehen, ohne befürchten zu müssen, ein Zerrbild der wirklichen Verhältnisse zu liefern.

5) Interessante Einzelheiten bei Slosse und Waxweiler (S. Bibl.) Seite 10 übrigens ein Irrtum in der Berechnung der Ernährungseinheiten einer Familie von Vater, Mutter und vier Kindern. Nur 13,3 Quets.

6) Es wäre interessant, auf Grund statistischen Materials nachzuweisen, wie groß die durch vorteilhaften Einkauf, geringeren Verbrauch an Heizstoffen und Nahrungsmitteln im Großhaushalte erzielte Kostenersparnis gegenüber dem ungefähr auf gleichem Fuße geführten Kleinhaushalte sein würde. Auch hier habe ich den Versuch, diesen Nachweis zu erbringen, wegen völliger Unzulänglichkeit des gesammelten Materials aufgeben müssen. Die alles überwuchernde, zum großen Teil sterile Preisstatistik scheint es zu einem planmäßigen Vorgehen zur Herbeischaffung eines möglichst vollständigen, d. h. alle Bevölkerungsschichten

umfassenden statistischen Materials in Fragen hauswirtschaftlichen Betriebs nicht kommen zu lassen. Nach dem vorhandenen statistischen Material über hauswirtschaftliche Kleinbetriebe sollte man fast meinen, daß sich die Menschheit nur aus Familien zusammensetzt. Abgesehen von vereinzelten Beispielen in der einschlägigen deutschen Literatur und einer größeren amerikanischen Enquête von Bosworth scheinen Einzelhaushaltungen für die meisten Sozialökonomen kaum zu existieren. Nun ist es leider Tatsache, daß infolge der hohen Kriegsverluste die Zahl der Einzelhaushaltungen eine ganz erhebliche Steigerung erfahren hat. Anderseits ist kaum anzunehmen, daß die uns in nächster Zeit winkenden Wirtschaftsverhältnisse geeignet sein dürften, die schon vor dem Kriege bestehende Ehescheu zu vermindern. Die Zahl der Einzelhaushaltungen wird also jedenfalls auf längere Zeit hinaus eine sehr hohe bleiben. Scheint es inanbetracht dieses Umstandes nicht dringend geboten, daß die Statistik von ihrer einseitigen Bevorzugung des Familienhaushalts in Zukunft absieht und ihr Interesse in höherem Maße als bisher dem Einzelhaushalte zuwendet. Dieses erhöhte Interesse wäre auch aus dem Grunde geboten, weil im zwerghaften Einzelhaushalte die Vergeudung an Kosten, Zeit und Kraft ganz besonders groß ist und hier ein Wandel am dringendsten nottut.

Was die Familienhaushalte betrifft, so erstrecken sich die statistischen Untersuchungen fast ausschließlich auf Arbeiterkreise. Vereinzelt sind Beamten- und Lehrerfamilien (Eulenburg, 450 flg.) und noch seltener Kaufmannsfamilien zum Vergleiche herangezogen worden. Die beiden äußersten Stufen der gesellschaftlichen Leiter: Der eigentliche Armenhaushalt und der Haushalt sehr gut gestellter Kreise fehlen ganz. Man hat als Grund für diese Lücke in der Haushaltungsstatistik sehr oft auf die großen Schwierigkeiten hingewiesen, die sich einer Heranziehung dieser beiden Bevölkerungsextreme zu statistischen Zwecken entgegenstellen. Wir meinen, sollte es wirklich nicht möglich sein, eine Anzahl armer, kinderreicher Witwen durch eine angemessene Entschädigung auf einige Monate zur genauen Buchführung ihrer Einnahmen und Ausgaben zu veranlassen? Und sollten sich in den aus dem Vollen schöpfenden Kreisen der Bevölkerung nicht auch eine Anzahl Personen finden lassen, die inanbetracht des großen Dienstes, den sie der Wissenschaft leisten würden, — Namen werden ja bekanntlich bei derartigen Untersuchungen nicht genannt — sich der geringen Mühe unterziehen würden, auf genaue Buchung der Ausgaben ihres Haushalts zu dringen und die Leitung und Ueberwachung der Eintragungen zu übernehmen. Eine Gegenüberstellung der so gewonnenen hauswirtschaftlichen Bilder der beiden sozialen Extreme würde ohne Zweifel überaus lehrreich sein und Gegnern sozialer Reformen über deren dringende Notwendigkeit die Augen öffnen.

Was endlich die zum Vergleiche heranzuziehenden Großhaushalte betrifft, so scheiden unter den gegenwärtigen statistischen Verhältnissen eine ganze Anzahl von vornherein aus: Waisen- und Armenhäuser und ähnliche Anstalten, weil die ihnen gegenüberzustellenden eigentlichen Armen-Kleinhaushalte fehlen, Krankenhäuser und Sanatorien wegen ihres durch die Anpassung an die verschiedensten Ernährungsforderungen verursachten unregelmäßigen Charakters. Am besten geeignet, zum Vergleiche mit statistisch untersuchten Kleinhaushaltungen herangezogen zu werden, scheinen noch Erziehungsanstalten und Kasernenhaushalte, da wir es hier mit gesundem Menschenmateriale und leidlich normalen Ernährungsverhältnissen zu tun haben. Hier stellt sich als neue fast unüberwindliche Schwierigkeit der Umstand heraus, daß eine Zurückführung von Familienhaushalten auf Quets, (Ernährungseinheiten) ohne die ein Vergleich mit den entsprechenden Großhaushalten völlig halt-und wertlos wäre, in den meisten Fällen daran scheitert, daß bei den Familien-Aufstellungen die Angabe des Alters der Kinder gewöhnlich fehlt. All diesen Schwierigkeiten gegenüber blieb mir nichts weiter übrig, als die Waffen zu strecken. Ich hoffe aber, daß die Statistik die klaffende Lücke einer großzügigen Untersuchung

8*

von Einzelhaushalten, die sich naturgemäß zum Vergleich mit ebenfalls für die Verpflegung von Einzelpersonen berechneten Anstaltshaushaltungen am besten eignen, in nächster Zeit ausfüllen und so die Möglichkeit geben wird, auf einheitlicher Grundlage beide Haushaltstypen zum Vergleiche heranzuziehen.

7) Inbezug auf diesen Teil sehe ich mich genötigt, die Nachsicht meiner Leser zu erbitten, da die durch den Krieg geschaffenen Verhältnisse es mir unmöglich machten, die ausländische Literatur in dem Maße, wie es mir wünschenswert erschien, heranzuziehen. Eine große Anzahl ausländischer, hier infrage kommender Werke und Schriften war mir trotz meiner Bemühungen nicht zugänglich. Auch das Auskunftsbureau der Nationalbibliothek, das ich zu Rate zog, versagte.

8) Nur wenig bekannt dürfte es sein, daß Thomas More auch als der Vater unserer jüngsten Errungenschaft, der Gartenstädte, anzusehen ist. (Utopia, Englisch-Lateinische Ausgabe von Lupton, Oxford, 1895, p. 130, 131.

9) Kapital I, 515, Note 309.

10) John Bellers:

Proposals for raising
A Colledge of Industry
of all useful
Trades and Husbandry
with Profit for the Rich,
A plentiful living for the Poor
and a good education for Youth.

Which will be Advantage to the Government by the Increase of the People and their Riches. London, 1696.

10) Die Schrift Bellers' abgedruckt bei Owen: Life, Ia, 161—181. Owen hat diese Schrift erst 1817 durch Francis Place, der sie bei einer Neuordnung seiner Buchhandlung entdeckte, kennen gelernt. (Life I, 240.)

11) Bellers zieht den Namen „Colledge“ dem von „Community“ vor, da er durch diese Bezeichnung den Charakter seiner Kolonien als von Siedlungen, die mehr auf äußerer Kameradschaft als auf innerer Gemeinschaft fußen, kennzeichnen will.

12) Life Ia, 167.

13) Marcus Reynolds, 119—121. (Siehe Bibl.)

14) Life I, 109 flg.

15) Life I, 88.

16) Owen weist zu wiederholten Malen auf diese Tatsache hin: Essays, Letter to William Wilberforce, p. IV., Life I, 258.

17) Life I, 57 flg, 276 flg. Essay 2nd 10.

18) Life I, 112.

19) Life I, 112 flg.

20) Die Bedeutung des Einflusses der äußeren Lebensumstände bei Owen stark betont, während dem Erblichkeitsfaktor eine geringere Rolle zufällt. Sein „Book of the New Moral World“ eine einzige große Illustration des Wertes beider Faktoren für die menschliche Entwicklung. Einfluß der Umwelt besonders scharf: 37 flg. Auch Essay 3rd, 17, 34, Home Colonies, 95, Life I, 61 flg. 358. Lectures, 125, 152 flg.

21) Life I, 63, 282. Essay 2nd, 26.

22) Die Behauptung Wilhelm Liebknechts, (Robert Owen, Nürnberg, 1892. Zuerst veröffentlicht in „Der arme Conrad“, 1876, S. 47.) Owen habe 1815 in seiner Fabrikbill Herabsetzung der täglichen Arbeitszeit auf acht Stunden beantragt, beruht auf einem Irrtum. Erst fast zwei Jahrzehnte später, 1833, stellte die „Society for National Regeneration“, zu deren

Gründern Owen gehörte, die Forderung des Achtstunden-Arbeitstages. Wie kühn übrigens schon die von Owen eingeführte Verkürzung auf $10^1/_2$ Stunde seinen Zeitgenossen erschien, beweist der Umstand, daß, als die Owenschen Arbeiter sich an das englische Parlament mit der Bitte wandten, allen Fabrikarbeitern dieselbe Wohltat zu erweisen, sie nur eine gesetzliche Herabsetzung der täglichen Arbeitszeit auf zwölf Stunden erzielten. Marx (Kapital, 2. Ausg. 1872, I, 304, Note 191, 526, Note 322.) weist zu wiederholten Malen auf Owens hervorragende Bedeutung für die soziale Revolution hin, von dessen „Utopien" die des Zehnstunden-Arbeitstags zum Fabrikgesetz, die Verbindung von produktiver Arbeit mit der Kindererziehung zur offiziellen Phrase in allen Factory Acts und die der Arbeiter-Kooperationsgeschäfte sogar zum Deckmantel für Schwindeleien geworden sei.

23) Life Ia, 321.

24) Life I, 259, Essay 3rd, IX.

25) Life I, 63 flg.

26) Essay 4th 52, E. 2nd, 36; Life I, 122.

27) E. 4th, 15.

28) Home Colonies, 84.

29) Life I, 304 flg. Essay 3rd, 46 flg.

30) Life I, 83.

31) Life I, 288, Essay 3rd, 6 flg.

32) Life I, 84 flg. 188. Lectures, 189 flg. Owen, überaus stolz auf die Vaterschaft dieses Gedankens, beruft sich auf das Zeugnis bekannter Persönlichkeiten (Life I a, 336). Eine ausgezeichnete Stütze in allen Unterrichts- und Erziehungsfragen fand Owen in seiner leider schon im Alter von 25 Jahren verstorbenen hochbegabten Tochter Anne Caroline. Lectures 194 flg. enthält eine wahre Verherrlichung dieser Tochter, deren außerordentliche Geisteskräfte bei absolutem Mangel an Interesse für häusliche Arbeiten er an verschiedenen Stellen hervorhebt. Kein Wunder, daß Owen nach den an dieser Tochter gemachten Beobachtungen und Erfahrungen gleiche Erziehung, gleiche Rechte und gleiche persönliche Freiheit beider Geschlechter verlangt. (Home Colonies, 102.)

33) Life I, 114 flg. Essay 2nd, 25. Owens Gesetzvorlage über Beschränkung der Kinderarbeit wurde im Unterhause durch Sir Robert Peel, den älteren, eingeführt. Peel, der selbst Fabrikant war, ließ sich durch die anderen Arbeitgeber ungünstig beeinflußen, was die Verzögerung und Veränderung der Vorlage zur Folge hatte. Heftigen Widerstand in dieser Sache erfuhr auch Owen von einer Seite, von der man im Gegenteil die kräftigste Unterstützung hätte erwaren sollen, dem Geistlichen von Old Lanark.

Life I a, 21 flg.: Mr. Owens Bill for regulating etc. 1815 vorgeschlagen, erst 1819 verändert und entwertet angenommen. Hauptbestimmungen: Zulassung von Kindern zur Fabrikarbeit nicht unter zehn Jahren, Personen unter 18 Jahren höchstens $10^1/_2$ Stunde tägliche Arbeit, Unterricht der Jugendlichen, Einsetzung von Fabrikinspektoren und Abstellung der durch diese bloßgelegten Mißstände. Wenn auch nicht dem Namen nach, so ist Owen doch in Wirklichkeit der Urheber der Fabrikgesetze. Er ist auch als der Begründer der empirischen oder experimentalen Methode der Gesetzgebung anzusehen. Wie hoch Owen diese Methode einschätzte, geht aus seinem Ausspruche hervor: The only guide that can lead to true knowledge on any subject experience. (Life I, 338.) Siehe auch Stanley Jevons: The State in relation to labour, London, 1882, 25.

34) Life I, 198: I was making money rapidly. Essay 3rd, IX.

35) Life I a, 284. Home Colonies, 35, 36 spricht Owen von einem Uebergangszustand zwischen Individualismus und Sozialismus. Home Colonies, 54 verspricht er sowohl unsern individualistischen als sozialistischen Tendenzen Befriedigung durch die neuen Einrichtungen.

36) Life I a, 253 flg.: Außerordentlich günstiger Bericht einer Deputation von Leeds, die New Lanark 1819 besuchte. Veröffentlicht in „Leeds Mercury".

37) Life I, 216: Die Reformvorschläge Owens in Petitionen an Ober- und Unterhaus, unterstützt vom hohen und niederen Adel, der Grafschaft von Lanark, den Universitäten von Edinburgh und Glasgow, Geistlichen und einflußreichen Persönlichkeiten, Personen aller Klassen und Bekenntnisse.

Auch mitgeteilt bei Huber: Reisebriefe aus England, S. 120.

Nachdem Owen auf einer Versammlung seine Siedlungspläne auseinandergesetzt hatte, wählte man ein Komitee zur Verwirklichung dieser Pläne. In einer Adresse, welche dieses an das Publikum richtete, heißt es: „ The effect of economical arrangement in diminishing waste and saving space and time has never been tried in agriculture and domestic economy upon so extensive a scale as that which is now proposed." (Life I a, 243 flg.)

Was Owens kommunistische Ansichten betraf, so war das Komitee der Meinung, daß bei der Durchführung der Owenschen Pläne Gütergemeinschaft nicht unbedingt nötig und daher auszuschalten sei.

38) Home Colonies, 150 flg. Extract aus Combes Moral Philosophy. Life I a, 282: Owen verwahrt sich dagegen, daß seine Communities diesen Kolonien ähnlich seien — „except in so far as the latter may be founded on the principle of untited labour, expenditure and property and equal privileges."

39) Nordhoff, 62 flg. (Siehe Bibl.)

40) Home Colonies, 150: Owen betont übrigens, daß sein System weder in Europa noch Amerika jemals vollständig durchgeführt worden sei.

41) Lectures, 216, 217: „Experience proved that the attempt was premature to unite a number of strangers, not previously educated for the purpose."

42) Home Colonies, 151: Extract from G. Combes Moral Philosophy.

43) Home Colonies, 60: Ackerbau Basis, da sich die Kolonie mit allem, was sie zur Ernährung ihrer Bewohner braucht, selbst versorgen soll. Lectures 139, Life I a, 244, 282.

44) Life I a, 215, 281.

45) Life I a, 270: „Consumption may be made to keep pace with production."

46) Home Colonies, 52.

47) Home Colonies 7, 23, 55. Lectures, 100, 182 flg. Owen nennt den Handel das unheilvolle System billig zu kaufen und teuer zu verkaufen.

Da die einzelnen Communities nur gleiche Arbeitsleistungen miteinander austauschen, (Lectures, 99.) wird unser jetziges Geldsystem hinfällig und Owen empfiehlt (Life I a, 304.) „a paper representative of the value of labour." Helene Simon, 218 flg. (Siehe Bibl.) und Engländer: Französische Arbeiter-Assoziationen, Hamburg, 1864, 4 Bde, Bd. IV. 81, berichten über die Bank Owen, welche den Namen „National Equitable Labour Exchange" führte. Diese reduzierte alle Werte auf Arbeitsstunden. Eine Arbeitsstunde bildete die kleinste Fraktion dieses neuen Geldes, welches das bisherige ersetzen sollte.

48) Owens Werke enthalten zahllose überaus scharfe Auslassungen gegen den Kriegswahnsinn. Home Col. 6, 76, 79; Lectures 181. Life I a, 305.

Meisterhaft ist (Life I, 124.) eine Zusammenfassung der Folgen des Krieges von 1813 und eine Schilderung der durch den Krieg herbeigeführten ungeheuren Wirtschaftmisere. Man glaubt, eine Betrachtung aus unseren Tagen zu lesen. An anderer Stelle konstatiert Owen ironisch, „that men have not yet been trained in principles that will permit them to act in union, except to defend themselves or to destroy others." (Life I a, 285.)

49) Home Col. 41, 50. Life I a, 245, 246. Starrer Kommunismus gemildert durch Schaffung der unabhängigen „Family Clubs".

50) Die Behandlung dieses Punktes nimmt bei Owen einen überaus breiten Raum ein. In „A new View of Society" ist der ganze 2. Essay dieser Frage gewidmet. Immer wieder betont Owen, daß die Gesellschaft selbst es sei, die Verbrecher züchte (Essay 1st, 12.) und daß mit einer Umgestaltung unserer jetzigen Gesellschaftordnung nicht nur das Verbrechertum, sondern auch Armut und Faulheit verschwinden würden. (Life I, 274 flg.) Die Gesellschaft als Urheberin der Verbrechen habe kein Recht, Verbrechen zu strafen, wohl aber die Pflicht, sie zu verhüten. Owen ist also inbezug auf Bekämpfung des Verbrechertums ein Hauptvertreter des Präventivsystems. Besonders „Book of the New Moral World" 77 flg. Owen empfiehlt namentlich Präventivmaßnahmen gegen die Trunksucht, diese Hauptquelle von Armut und Verbrechen. (Life I a, 67 flg.)

51) Home Col., 102. Lectures, 76 flg., 186.

Diese Abneigung gegen Ehe und Familie entsprang bei Owen nicht etwa Uebervölkerungsbefürchtungen. Von Malthusschen Anschauungen ist Owen weit entfernt. Home Col. 17 nennt er dessen Werk ein „book of errors." Mittel gegen Uebervölkerung seien erst dann notwendig, wenn der Boden seinen höchsten Grad von Ergiebigkeit erreicht habe. Einen gewaltigen Unterschied mache es aus, ob der Boden von einer unwissenden Bevölkerung irrationell oder von wissenschaftlich geschulten Bewohnern in rationeller Weise bearbeitet werde, da im letzten Falle eine weit zahlreichere Bevölkerung auf gleichem Raume ernährt werden könne. (Essay 4th, 49 flg.)

52) Life I, 160 flg. enthält den Bericht einer Versammlung, in der Owen zum ersten Male die Religion öffentlich angriff und so seine kaum gewonnene Popularität aufs Spiel setzte. Auch Life I, 188 flg. Life I a, 245 wird in einem Bericht rühmend hervorgehoben, daß Owen nie den geringsten Versuch gemacht habe, seine Arbeiter in religiöser Hinsicht zu beeinflussen.

Wie so viele, die die religiösen Anschauungen über Bord geworfen haben, klammert sich auch Owen an das Wort Religion, schiebt ihm aber, wie z. B. Häckel, für den Religion Notwendigkeit ist, einen Sinn unter, den kaum jemand dahinter vermuten würde. Nach ihm ist Religion das Bestreben, allem Lebenden das größte Glück zu verschaffen. (Home Col. 84, Life I, 209.) Wieder eine neue Spezies von Religion.

53) Engels: Die Lage der arbeitenden Klassen in England, 239. Engels weist auf Owen als den Vater des englischen Sozialismus hin, wirft ihm aber, u. E. ohne triftigen Grund, Ungerechtigkeit gegen das Proletariat vor. Die vollständige Beeinflussung der englischen Sozialisten durch Owen zeigt sich nach Engels in ihren um die Mitte des vorigen Jahrhunderts erhobenen Forderungen: Allmähliche Einführung der Gütergemeinschaft, Gründung von „Heimatskolonien", deren Glieder Industrie und Ackerbau treiben, gleiche Rechte und gleiche Erziehung genießen, Erleichterung der Ehescheidung und Einführung einer vernünftigen Regierung mit vollständiger Meinungsfreiheit, Abschaffung der Strafen, die durch vernünftige Behandlung der Verbrecher ersetzt werden sollen.

54) Owen ist sich bewußt, daß der Gedanke schon bedeutende Vertreter gehabt hat. Sehr charakteristisch ist in dieser Hinsicht das erste Blatt seiner „Lectures on an entire new State of Society", dessen Unterschrift lautet: „Design for a community of 2000 persons founded upon a principle commanded by Plato, Lord Bacon and Sir Thomas More, combined with all the advantages of scientific discoveries down to the present time." Dieses Blatt fehlt in der Einzelausgabe. Vorhanden in einem Sammelbande von Schriften Owens und seiner Anhänger im Besitz des Archivs der Sozialdemokratischen Partei.

55) Home Colonies, 54.

56) Home Col. 37: „It is proposed that each establishment of these Colonies shall, in the first instance, be the property of a joint-stock company, who, — having purchased the land, and erected thereon the requisite buildings and furnished the same — shall let the whole, upon lease, to a company of tenants; the latter having power gradually to fine down the rents, and ultimately to become the owners at a stipulated price, to be agreed on between the parties."

57) Life I a, 301: „Those formed by the middle and working classes upon a complete reciprocity of interests, should be governed by themselves."

58) Home Col. 103: Council of the home department, council of the external or foreign department.

59) Life I a, 112 flg.

60) Description of an Architectural Model from a design by Stedman Whitwell, Esqu. for a community upon a principle of united interests as advocated by Robert Owen, London, 1830.

61) Architectural Model, 16: Steam-works for the supply of the kitchen in a rapid, quiet, and cleanly manner.

62) Arch. Model, 8 flg.

63) Home Col. 37 flg.

64) Lectures, 141, 172.

65) Lectures, 172.

66) Lectures, 141.

67) Home Col. 68: „Any parties being ill or desirous of having their meals alone, may have them sent to their private apartments." Auch Home Col. 50.

68) Lectures, 161 flg.

69) Home Col. 68: „Provisions of the best quality only shall be cooked in the public kitchens, and it shall be a special object to those persons who have the direction of this department to ascertain and put in practice the best and most economical means of preparing nutritious and agreeable food."

70) Life I a, 302.

71) Home Colonies, 69: „One female will, with great ease and comfort, perform as much as many menial servants can do at present, and instead of women being a constant drudge and slave, she will have sufficient leisure for mental improvement and rational enjoyment."

72) Home Col. 53: „A superior state of life will be obtained at a far less annual expenditure, than ist now required for a very inferior and comparatively low and miserable state of living in a most irrational manner."

73) Home Col. 41, 50.

74) Lectures, 149.

75) London, 1830, 2. Aufl. Sehr deutlich zeigt sich auch Owens Einfluß bei James Silk Buckingham, der in seinem 1849 erschienenen Buche: „National evils and practical remedies“ für die Gründung industriell-landwirtschaftlicher Kolonien eintritt.

76) Home Col. 38.

77) Das gilt besonders für die sozialistischen Klubhäuser, auf die Samuel Gompers hinweist. (Labor in Europe and America, London und New York, 1910. S. 14.)

78) Lodging Houses wurden durch die „Benefit Building Societies“, die wahrscheinlich in den 20er Jahren des 19. Jahrhunderts in Schottland durch den Earl of Selkirk ins Leben gerufen worden sind, gebaut, und zwar das erste Model Lodging House für ledige Arbeiter 1848 in London durch die „Metropolitan Association for improving the dwellings of the industrious classes“, die einem königlichen Dekret vom Jahre 1845 ihre Entstehung verdankte. Siehe Manega, 6 flg. (Bibl.) 1854 folgte das Model Lodging House zu Huddersfield. Näheres bei Hole, 54, 161. (Siehe Bibl.) Wenn Reynolds (S. 122) behauptet, daß die Lodging Houses 1877 in New York entstanden seien, so steht diese Behauptung zu den Tatsachen in offenem Widerspruch.

79) Diese Abneigung gegen kollektivistische Familienversorgung hat indessen nicht verhindern können, daß der Siedlungsgedanke, der ja demselben Ideenkreise angehört, sich in England immer mehr Bahn bricht, wie das die vielbesprochenen Gartenstädte zu Port Sunlight und Bourneville beweisen. Näheres bei Fuchs, 130 flg. (Siehe Bibl.) Der Oekonomiatsgedanke ließe sich also im Anschluß an diese Gartenstädte auch in England leicht verwirklichen. Siehe auch Ebenezer Howard. (Bibl.)

80) Owen erwähnt Fourier Life I, 234, aber in wenig schmeichelhafter Weise: „It was from this report (Bericht an die Grafschaft von Lanark über die Gründe, weshalb die Bevölkerung von New Lanark von dem wirtschaftlichen Kriegselend verschont blieb.) that Fourrier (bei Owen mit rr) obtained all his knowledge respecting the formation of a society limited in number to form a practical community, but not knowing the true foundation on which to base society, he made a confused medley of old and new notions which never can be combined to work permanently together with harmony.“

Was Fourier's eigene Aussage (Oeuvres, IV., 7, 8.) angeht, so gründet sich seine Kenntnis der Owenschen Bestrebungen auf eine Notiz über New Lanark von Huard, erschienen im „Mémorial universel de l'industrie française,“ Juni 1821. Daß diese Notiz sich kaum durch erschöpfende Behandlung und hervorragende Genauigkeit ausgezeichnet haben dürfte, geht aus den vielen Ungenauigkeiten und Entstellungen hervor, die die Owenschen Gedankengänge bei Fourier erfahren. (Besonders IV., 3 flg.) Erheiternd wirkt zunächst der Klagegesang, den Fourier über das Barfußgehen der Einwohner von New Lanark anstimmt, aus welchem Umstande er dann schloß, daß die Bevölkerung von New Lanark in klösterlicher Strenge gehalten werde, was den Tatsachen durchaus nicht entsprach. Weiter wirft Fourier Owen drei Hauptirrtümer vor. Zunächst behauptet er, Owen wolle in seinen Kolonien 3000 Personen vereinigen, eine Zahl, die zu hoch gegriffen sei. Wie unbegründet dieser Vorwurf ist, geht aus zahlreichen Stellen der Owenschen Werke hervor. Gewöhnlich betont Owen, daß das Maximum in der Bevölkerungsziffer seiner Home Colonies 2000 sei. Ja, oft bleiben sogar seine Vorschläge hinter dem Fourierschen Maximum: 1800 (VI, 5.) zurück. So schlägt er, Lectures 138, eine durchschnittliche Bevölkerungsziffer von 800—1200 und Life I a, 58, ebenfalls eine solche von 1200 Personen vor. Nur in „Home Colonies“ geht er über das Fourier'sche Maximum hinaus, indem er die Vereinigung von 2000—2500 Personen gutheißt. (Home Col. 37.) Weiter wirft Fourier Owen die Abschaffung des Eigentums vor. Dieser Vorwurf, wenn auch berechtigt, ist zu scharf betont, da Owen, wie schon gesagt, durchaus nicht starrer Kommunist ist, sondern in den Family Clubs auch den Individualismus zu Worte kommen lassen will. Was endlich den dritten Vorwurf betrifft, so ist er nicht weniger unbegründet als der erste. Man fragt sich erstaunt, wie Fourier dazu kommt, Owen die Nichtberücksichtigung der Landwirtschaft in seinen Kolonien zum Vorwurf zu machen, da dieser immer wieder mit Nachdruck betont, daß der Ackerbau die Basis seiner Kolonien bilden solle. (Home Col. 60, Lectures, 139, Life I a, 244, 282.) Die Kenntnis, die Fourier von den Owenschen Gedankengängen besitzt, ist also die denkbar mangelhafteste. Ist anfangs die Fouriersche Kritik Owens noch wohlwollend (IV, 44: „On a calomnié en France l'auteur de cette fondation: l'on a dépeint M. Owen comme un impie. Les Zoïles manqueraient-ils à s'acharner sur les entreprises utiles? Mais que répondre aux voyageurs qui disent de New Lanark: „Je n'ai jamais vu une population aussi morale, aussi religieuse, aussi heureuse." Je devais ce tribut d'éloges aux seuls explorateurs qu'on ait vus chercher franchement l'Association, et en proclamer la nécessité.") so ergeht er sich später, nachdem Owen auf seinen Versuch, mit ihm in Verbindung zu treten, nicht eingegangen war, in den ungerechtesten und geschmacklosesten Schmähungen. (Bes. VI., 472 flg.: „Réfutation des Owenistes" und „Pièges et charlatanisme des deux sectes Saint-Simon et Owen qui promettent l'association et le progrès," Paris, 1831.)

81) Erste Ausgabe 1808, zweite 1841, 15, 177.
I, 15: „Ils observeront que, dans la résidence d'une phalange (c'est le nom que je donnerai à l'association qui cultive un canton) on fait une chère si merveilleuse que pour le tiers des frais que coûte une table de ménage, on trouve dans les séries un service trois fois plus délicat et plus copieux de sorte, qu'on peut s'y nourrir trois fois mieux en dépensant trois fois moins que dans un ménage et éviter encore l'embarras des approvisionnements et préparations." Ausführlicher Tome III: Traité de l'association domestique-agricole, 1822, premier chapitre: Bénéfice détaillé de la gestion unitaire: Greniers, caves, combustibles, fruits, transports.

82) IV, 3 flg. VI, 473.

83) V, 510 flg.: L'équilibre de la société fondé sur l'inégalite.

84) Fourier VI, 8, 203, 264 flg.

Owen: Home Col. 102.

85) VI, 473.

86) Fourier VI, 17, 33, 392 flg, I, 373.
Owen: Home Col. 7, 55.

87) Fourier VI, 141.
Owen: Home Col. 69, 102.
Bei Fourier noch der Hinweis auf die verkehrte Verteilung der Arbeit auf beide Geschlechter. I, 221: Schwere Hausarbeit durch Frauen verrichtet, während oft starke Männer die Nadel und Feder führen.

88) VI, 38.

89) VI, 489.

90) VI, 123.

91) VI, 489: „Puisqu'on a facilité aux charlatans sociétaires la fondation de Vingt (Vingt und un im Fourierschen Texte groß gedruckt.) établissements en méthode fausse et répugnante, qu'on en essaie au moins Un en méthode attrayante ou Séries passionnées: l'on en obtiendra aussitot tous les bienfaits annoncés au frontispice et dans le cours de cet ouvrage."

92) I, 19.

93) IV, 16; V, 282.

94) VI, S. XV.

95) Obgleich Fourier gegen Gleichheitsbestrebungen ist, möchte er doch die Lage der unteren Klassen durch Gewährung eines Lebensminimum gehoben wissen. (IV, 16; V, 511.)

96) Fourier schätzt die Ersparnis an Heizmaterial auf $^{7}/_{8}$, ja $^{9}/_{10}$ des gegenwärtigen Bedarfs. (III, 14; IV, 12.)

97) VI, 5, 6.

98) I, 373, 99; VI, 17.

99) IV, 15.

100) I, 182.

101) V, 360 flg.; III, 18 flg., 566 flg.: Loblied auf Früchte, Zucker, Fischnahrung.

102) I, 253.

103) Dem gegenüber entbehrt die Aeußerung Fourier's: „Je connais si peu les instincts des petits enfants et j'ai tant d'aversion pour cette classe d'êtres désolants." (V, 64) nicht eines gewissen Humors.

104) V, 61 flg.: „Pourquoi la nature a-t-elle créé des femmes, qui s'amusent de l'embarras que donnent les enfants et qui en soigneraient une douzaine par plaisir, tandis que d'autres s'ennuient d'en soigner un seul et le confient à des mercenaires? La „morale" les appelle mauvaises mères, mauvaises républicaines; mais quand le soin des enfants s'exercera combinément, il n'y aura nul besoin que toutes les mères soient républicaines, amies des criailleries et des fonctions immondes."

105) V, 68.

106) IV, 371; V, 66.

107) Cabet schrieb einen mit großer Begeisterung aufgenommenen Zukunftsroman „Voyage en Icarie", von dem das Bellamysche „Looking backward" und das Morrissche „News from nowhere" modernisierte Nachahmungen sind. Auch Zolas „Travail", Paris, 1901 gehört hierher.

108) Engländer: Französische Arbeiter-Associationen, Bd. II, 141.

109) Hubert-Valleroux: La coopération, 203.

110) Auf die Beeinflussung Godins durch Fourier hat bereits Sax in seinem vortrefflichen kleinen Buche: Die Wohnungsnot, 86, hingewiesen. Einzelheiten über das Familistère zu Guise bei Sax, 97 flg. James Hole, 164 flg. (Siehe Bibl.)

111) In diesen Läden fanden die Frauen und Töchter der Arbeiter Beschäftigung.

112) Trotz niedriger Mieten — Fünfzimmer-Wohnung mit Küche ungefähr 450 frs. jährlich, Einzelzimmer für ledige Personen, einschließlich In-Ordnung-Halten des Zimmers, Reinigen von Bett- und Handtüchern 8—10 frs. monatlich — 6% Rente.

John Graham Brooks berichtet in „Social Unrest", New York, 1904, 242, daß Godin zwar mit seinen Arbeitern dasselbe Gebäude bewohnte, im Theater aber seinen besonderen Platz hatte, was ihm diese nicht wenig verübelten.

113) Der Vorwurf kapitalistischer Ausbeutung, den Bebel Godin macht, scheint mir doch in Widerspruch zu den Tatsachen zu stehen. Bebel schreibt: (S. 249). „In seinem Bestreben auf Aussöhnung der Klassengegensätze durch freiwilliges Entgegenkommen der Besitzenden mußte der Fourierismus immer mehr zu einer reinen Humanitätsduselei verflachen, oder er wurde, wie im Phalanstère zu Guise (Bebel nennt das Godinsche Unternehmen Phalanstère, obgleich Godin gerade durch den Ausdruck Familistère den familienerhaltenden Charakter desselben kennzeichnen wollte) als Deckmantel mißbraucht, um unter sozialistischer Flagge großbürgerliche

Ausbeutung zu treiben. Notwendigerweise müssen alle sozialistischen Experimente, die innerhalb der bürgerlichen Welt versucht werden und naturgemäß auf die Aussöhnung sich gegenseitig ausschließender Gegensätze gerichtet sind, zugrundegehen."

114) Es handelt sich hier um eine Gründung vor dem deutsch-französischen Kriege.

115) Siehe Bibliographie.

116) Zu besonderer Ausdehnung und Bedeutung gelangte die „Association alimentaire" des Herrn Paulier zu Grenoble. (Véron, 123 flg. Siehe Bibl.) Das dort eingeführte Markensystem hatte den Vorteil, die Ernährung der Familie vor Geldverschwendungsgelüsten des Familienhauptes sicher zu stellen.

117) Eine dritte, die „Cité Napoléon" in der Rue Rochechouart, ist deshalb von Interesse, weil die Aktiengesellschaft, welche die Gründung betrieb, bei der Unterbringung der Aktien zu 25 frs. auch die Arbeiter selbst zur Beteiligung heranziehen wollte.

118) Einige Heime, sozusagen Schutzheime für junge Ausländerinnen, sind hier vielleicht auszunehmen.

119) Ducpétiaux, 196 flg.
D. kennt die deutsche Literatur, wohl durch Huber beeinflußt, hat auch Liedke: Hebung der Not der arbeitenden Klassen durch Selbsthilfe, Berlin, 1845, gelesen. (S. 208.)

120) Owen: Life I a, 231: Die holländischen Armenkolonien an der Oberyssel.

121) Huber: Reisebriefe aus Belgien und Frankreich, 72. Reisebriefe aus England, 121.

122) Post, Musterstätten, II, 237 flg.

123) Die Deutschen scheinen besser als andere Völker zum Kommunismus veranlagt zu sein.

124) Nordhoff, 117 flg.
Artikel aus „Unsere Zeit", neue Folge, XV: „Die kommunistischen Gemeinden Nordamerikas". Ich möchte die Gelegenheit nicht vorübergehen lassen, ohne Herrn Drahn vom Archiv der sozialdemokratischen Partei meinen Dank auszusprechen, meine Aufmerksamkeit auf diesen interessanten Artikel gelenkt zu haben.

125) Nordhoff, 161.

126) Auch hier die Frauenemanzipation weit vorgeschritten.

127) Aurora, 30 englische Meilen von Portland. Dr. Keil erkannte die hohe Rentabilität der Obstkultur und führte sie in Aurora ein, was ungemein zum wirtschaftlichen Aufschwung der Kolonie beitrug.

128) Nordhoff, 63 flg. Nach Simon, 164: Bei der Ankunft 5 Dollar pro Kopf, nach 20 Jahren 2000 Dollar.

129) „Unsere Zeit", Neue Folge, XV, 802.
Nordhoff, 78 flg.

130) Jede Familie hatte indessen das Recht, selbst zu kochen.

131) Herzog Bernhard von Sachsen-Weimar berichtet darüber. Nordhoff, 79 und Artikel aus „Unsere Zeit".

132) Noyes: „American Socialism", zitiert bei Nordhoff, 407.

133) Wie Noyes freilich dazu kommt, New Lanark unter die „amerikanischen Fehlschläge" zu rechnen, ist uns völlig schleierhaft, da weder die eine noch die andere Bezeichnung zutrifft. Der Verfasser scheint die Frage etwas sehr in Bausch und Bogen behandelt zu haben.

134) Shadwell, 425, 1901: 6000 solcher Genossenschaften.

135) Die New Yorker Wohnverhältnisse der Altstadt waren so traurige, daß in gewissen Häusern vier bis fünfmal mehr Säuglinge starben als in gesunden Vierteln. (Robert Hunter: Poverty, Uebersetzung Südekum, 117.) Ueberhaupt war die Todesrate von New York, wo das Kasernensystem vorherrscht, erheblich höher: 25,16 auf 1000 i. J. 1889 als in Städten mit guten Wohnverhältnissen. In Philadelphia, wo das Kleinhaussystem durchgeführt ist, betrug sie in demselben Jahre nur 19,7 auf 1000.

136) Besonders machten sich Frauen, wie Miss Octavia Hill, New York, Miss Collins, New York, Mrs Lincoln, Boston und Miss Edith Wright, Philadelphia, um die amerikanische Wohnungs-Fürsorge verdient.

137) Erwähnt bei Reynolds.

138) Reynolds, 120.

139) Die Chapinschen Einrichtungen wurden bereits auf der Pariser Weltausstellung von 1867 mit einem Preise ausgezeichnet.

140) Besonders Louise Marion Bosworth. (Siehe Bibl.)

141) Bosworth, 41.

142) Bosworth, 54 flg.

143) In einer Stadt wie Philadelphia mehr als 80 %.

144) Owen gegenüber kennzeichnet sich Huber als wahrer Familienfanatiker. Er bekämpft dessen familien- und religionsfeindliche Tendenzen und sonstige revolutionäre Anschauungen aufs schärfste, wenn er auch Owens Persönlichkeit Gerechtigkeit widerfahren läßt. (Reisebriefe aus England, 105). Er betont immer wieder, daß bei allen genossenschaftlichen Bestrebungen die Selbständigkeit, Abgeschlossenheit und „Heiligkeit" des Familienlebens nicht angetastet werden dürfe, weist zu wiederholten Malen auf eine ihm nötig erscheinende Verbindung von Assoziationsbestrebungen mit der inneren Mission hin und liebäugelt gewaltig mit Aristokratie und Konservatismus.

145) Huber: Ueber innere Colonisation, 211.

147) Huber macht bereits den Vorschlag, die Kleinhäuser einer Kolonie auf der Grundlage individuellen, die Zwecken gemeinsamer Bewirtschaftung dienenden Gebäude und Einrichtungen auf der kollektivistischen Besitzes aufzubauen. (Munding, 773 flg.)

147) Erschöpfend behandelt bei Post und Mieck. (Siehe Bibl.)

148) Siehe Le Roux. (Bibl.)

149) Jahrgang 1918.

150) Mieck, 170.

151) Böhmert, 359. (Siehe Bibl.)

152) Post, I, 177.

153) Behrens, 64.

154) Böhmert enthält reiches Material über hauswirtschaftliche Zentralisationsbestrebungen in der Schweiz.

155) Groß-Lichterfelde-West, Unter den Eichen 53 und Zietenstr. 2. Friedenau, Wilhelmshöher Straße 17—20.

156) Schöpfung des Architekten Paul Schmitthenner.

157) Siehe Bibl.

158) Besonders bemerkenswert ist die bei der neuen Bauweise mit Formsteinen erzielte Ersparnis an Rohmaterialien, besonders an Kohlen.

159) 1848 gegründet.

160) Rosa Kempf weiß zwar in ihrer Arbeit über die Münchener Fabrikarbeiterin auch allerlei Fälle von im Kleinhandel beschäftigten Männern zu berichten. (S. 20.)

161) Arbeiterkolonie der Eisenbahnhauptwerktstatt zu Leinhausen bei Hannover, Staaken etc.

162) Das Verdienst Pettenkofers ist es, zuerst nachdrücklich auf den Zusammenhang zwischen Wohnverhältnissen und Gesundheitszustand hingewiesen zu haben.

163) Der Arbeiter regelt seine Ernährung bekanntlich in den seltensten Fällen nach dem Nährwert der Speisen.

164) Shadwell schreibt (S. 85 flg.) die große Säuglingssterblichkeit von Lancashire dem hier herrschenden Mangel an Kleinwohnungen zu. Die Einwohner von Lancashire bringen nebenbei bemerkt mehr Kinder zur Welt als die von Yorkshire, die mehr Präventivmittel anwenden, lassen aber auch mehr sterben. Die besseren Volkswirte sind also entschieden die Bewohner von Yorkshire.

165) Außer Jevons: „Methods of social reform, Women in factoris," 1882 und d'Israeli: „Sybil," London, 1845, weisen Engels und Marx auf die weite Verbreitung des zur Beruhigung von Säuglingen angewandten „Godfrey's Cordial" hin, Engels in „Lage der arbeitenden Klassen in England", 2. Aufl. 107, Marx in „Kapital" I, 412, Note 120. Engels stützt sich auf „Children's employment Commission's Report," first report 1841, second report 1843.

Bibliographie.

Albrecht, Gerh.: Haushaltungsstatistik, Berlin, 1912.
Ballin, Paul: Der Haushalt der arbeitenden Klassen, Berlin, 1883.
Bebel, August: Charles Fourier, Stuttgart, 1890.
Behrens, Peter: Vom sparsamen Bauen, Berlin, 1918.
Beschreibung des Arbeiterquartiers in Kuchen, Württemberg, Stuttgart, Hallberger, 1868.
Böhmert, Viktor: Arbeiterverhältnisse und Fabrikeinrichtungen in der Schweiz, 2 Bde, Zürich, 1873.
Bosworth, Louise Marion: The living wage of women workers Philadelphia, 1911. (Studies in economic relation of women, vol. 3.)
Brandt-Wyt, Renetta: Hauswirtschaftliche Nahrungsmittelkonsumtion und Frauenarbeit, München und Leipzig, 1912.
Buckigham, James Silk: National evils and practical remedies with a plan of a model town, London, 1849.
Busbey, Katherine Graves: Home life in America, New York, 1910.
Cabet, Etienne: Voyage en Icarie, 5me édition, Paris, 1848.
Deutscher Metallarbeiterverband: 320 Haushaltungsrechnungen, Stuttgart, 1909.
Ducpétiaux: Mémoire sur le pauperisme dans les Flandres, Bruxelles, 1850.
Engel, Ernst: Die Lebenskosten belgischer Arbeiterfamilien früher und jetzt, Dresden, 1895.
Engels, Friedrich: Die Lage der arbeitenden Klassen in England, Leipzig, 1845, 2. Aufl. Stuttgart, 1892.
Eulenburg, Franz: Die Kosten der Lebenshaltung in den deutschen Großstädten, Herausg. Eulenburg, München und Leipzig, 1914.
Familienstatistik der Bayerischen etatmäßigen Staatsbeamten nach dem Stande von 1916, München, 1918.
Fourier, Charles: Oeuvres complètes, Paris, T. I.—VI. T. I. 1808. T. VI. 1829. Pièges et charlatanisme etc. 1831.
Frankfurter Arbeiter-Budgets: Freies Deutsches Hochstift zu Frankfurt a. M. 1890.
Hasbach, Wilhelm: Güterverzehrung und Güterhervorbringung, Jena, 1906.
61 Haushaltungsrechnungen von Metallarbeitern in der Schweiz. Aufgenommen 1910. Sekretariat des schweizerischen Metallarbeiterverbandes, Bern.
Haushaltungsrechnungen Nürnberger Arbeiter, 1899, 1900. Herausgeg. 1901 durch Adolf Braun.
Hepner, Adolf: Die Ikarier in Nordamerika. Herausgeg. vom National Executive Committee of the Socialistic Labor Party, New York, 1886.
Hill, Octavia: Single-Room-System. Pall Mall Gazette, Oct. 1883.
Hole, James: Homes of the working classes, London, 1866.
Howard, Ebenerzer: Garden cities of to- morrow, London, 1906. Deutsch: Gartenstädte in Sicht, Jena, 1907.
Huber, Victor Aimé: Ueber innere Colonisation. Janus, 1846. Reisebriefe, 1. Teil aus Belgien und Frankreich; 2. Teil aus England, 1854.
Hubers ausgewählte Schriften über Sozialreform und Genosenschaftswesen. Herausgegeben in freier Bearbeitung von Dr. K. Munding, Berlin, 1894.
Hubert-Valleroux: La coopération, 1904.
Kempf, Rosa: Leben der jungen Fabrikarbeiterin in München. Schriften des Vereins für Sozialpolitik, München. 1911.

Landolt, Carl: Methode und Technik der Haushaltungsstatistik, Freiburg i. Br. und Leipzig, 1894.
Le Play, Frédéric: Les ouvriers européens, 6 vol. Paris, 1855—70.
Le Roux: Rapport des motifs etc. Exposition de 1867. Paris, 1867. Deutsch: Steinbeis, Stuttgart, 1868.
Levasseur, Emile: Enquête sur les prix des denrées alimentaires depuis un quart de siècle dans 70 lycées, Société de statistique de Paris: Suite de cette enquête dans la Revue économique internationale, Nov. 1910.
Louis Bonaparte, Prince: Sur l'extinction du pauperisme. Paris, 1844.
Lovejoy, Sara: Domestic science and the high cost of living, Harrisburg, 1910.
Manega, Rudolf: Anlage von Arbeiterwohnungen, Weimar, 1871.
Mieck, Dr. P.: Die Arbeiter-Wohlfahrtseinrichtungen in den Rheinlanden und Westphalen, Berlin, 1904.
More, Thomas: Utopia, englisch-lateinische Ausg. v. Lupton, Oxford, 1895.
Munk, J.: Einzel- u. Massenernährung. Weyls Handbuch der Hygiene, 1893.
National Library of Wales: A Bibliography of Robert Owen, the Socialist, 1771—1858, Aberystwyth, 1914.
Nordhoff, Charles: The Communistic Societies of the United States, New York, 1874, London, 1875.
Oppenheimer, Franz: Die Siedlungsgenossenschaft, Leipzig, 1896.
Owen, Robert: A new View of Society, 4 Essays, London, 1813, 1814.
Lectures on an entire new State of Society, London, 1830.
Book of the New Moral World, London, 1836.
Home Colonies, 1841.
State Socialism by R. Owen and James Bronterre O'Brien, London, 1850. (?)
The Life of Robert Owen written by himself, London, 1857, 2 Bde.
Oyon: Une véritable cité ouvrière. Librairie des sciences sociales, Paris, 1865.
Pagliardini: A visit to the Familistery, London, 1865.
Post und Albrecht: Musterstätten, 2 Bde., Berlin, 1889—93.
Rademann, Otto: Wie nährt sich der Arbeiter, Frankfurt a. M., 1890.
Reeves, Mrs Pember: Family life on a pound a week, London, Fabian Society, 1912.
Reynolds, Marcus: The housing of the Poor in American Cities. Publications of the American Economic Association, New York, 1893.
Riedler, Alois: Emil Rathenau u. das Werden der Großwirtschaft, Berlin, 1916.
Sax, Emil: Wohnungszustände der arbeitenden Klassen, Wien, 1869.
Schall, Martin: Das Arbeiterquartier in Mülhausen, Berlin, 2. Aufl. 1877.
Scheffler, Karl: Die Architektur der Großstadt, Berlin, 1913.
Shadwell, Arthur: Industrial efficiency, 1905. Deutsch: England, Deutschland und Amerika, Berlin, 1908.
Simon, Helene: Robert Owen. Sein Leben und seine Bedeutung für die Gegenwart, Jena, 1905.
Slosse und Waxweiler: Enquête sur l'alimentation de 1065 ouvriers belges, Brüssel und Leipzig, 1910. (Recherches sur le travail humain dans l'industrie.)
Tyszka, Carl von: Die Lebenshaltung der arbeitenden Klassen in den bedeutendsten Industriestaaten, Jena, 1912.
Véron, Eugène: Les institutions ouvrières de Mulhouse et des environs, Paris, 1866.
Whitwell, Stedman: Description of an architectural Model from a design by Stedman Whitwell, Esqu. for a community upon a principle of united interests as advocated by Robert Owen, Esqu. London, 1830.
Wirtschaftsrechnungen und Lebensverhältnisse von Wiener Arbeiterfamilien, 1912—1914. Herausgeg. 1916.

www.ingramcontent.com/pod-product-compliance
Lightning Source LLC
LaVergne TN
LVHW091728021026
849161LV00003BB/489